한국인의 효

Ⅰ 이어지는 전통과 변하는 실천

한국인의 효

II 이어지는 전통과 변하는 실천

● 성규탁 지음

이담 Books

Filial Piety of Koreans I

Expressions in Modern Times

Ideal-Practice-Welfare

Kyu-taik Sung, Ph.D

Korean Studies Information Company, Ltd.

Republic of Korea

[이념 – 실천 – 복지]

고령자들과 연소자들이

서로 존중하며

인간애에 찬 호혜적 관계를

발전시켜 나가기를

갈망하면서

이 책을 펴낸다.

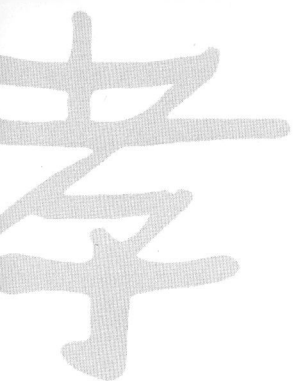

[머리말]

오늘날 우리의 가정과 사회가 안은 가장 어려운 과제들 가운데 하나가 어떻게 하면 산업사회의 생활양식에 알맞게 부모부양을 해 나갈 수 있느냐는 것이다. 즉 우리의 문화적 유산인 효를 변화하는 새 시대에 적응해서 실천하는 과제이다.

산업화와 도시화에 따르는 가족구조의 변화, 급속한 출산율의 저하와 가족 수의 감소, 주거지이동과 별거하는 가족의 증가, 여성의 사회진출, 교통통신기술의 혁신, 자유주의적 생활태도의 확산 등 일련의 사회변동으로 말미암아 우리의 생활방식이 급속히 달라지고 있다.

역사상 전례가 없는 이러한 변동 속에서 효에 대한 새로운 조명이 절실히 필요해진 것이다.

새 시대에 우리가 실천하고 있는 효는 어떤 것이며 앞으로 어떤 방향으로 효가 실천되어 나가야 할 것인가?

이 질문에 대한 답을 얻으려고 6,000여 명의 노부모와 성인 자녀

를 대상으로 우리사회에서 실천되고 있는 효에 관한 자료를 수집
했다. 이 책의 내용은 이 사회조사의 결과를 정리해서 약술한 것이
다. 조사를 진행하는 데 있어 각종 사회과학적 연구방법과 통계기
법을 사용하여 신뢰성과 타당성이 있는 자료를 확보하려고 노력했
다. 그리고 부모부양에 관한 동서양의 연구 자료를 섭렵하여 비교
문화적 시각에서 자료를 다루어 보았다. 이 책에 실린 논설의 대부
분은 국내와 미국의 학술지들과 책들에서 발표된 것이다.

이 책이 탐구하는 새 시대 생활에 알맞은 효와 정부가 개발하는
사회복지사업을 통합해서 우리의 종합적인 사회복지체계로 발전시
킬 수 있다면 참으로 반가운 일이라 하겠다.

이 책과 연속해서 제2권, 제3권, 제4권 및 제5권이 출판되었다.
산업사회에 적응하면서 새 시대의 효를 실천하는 모습을 주요 과제
별로 나누어 분석, 파악하려고 단계적으로 조사결과를 엮어 나갔다.

연구진행과정에서 여러 분의 자문과 지원을 받았다. 연세대 제자
들이 초기의 조사를 도와주었다. 저자는 University of Southern
California사회사업대학원의 Frances Wu Chair(석좌)교수로서 동대학
원의 원장 Marilyn Flynn의 각별한 지원을 받아 5년 동안 한국, 미
국, 중국 및 일본에서 효에 초점을 둔 가족지원 연구를 위한 자료
수집과 분석작업을 할 수 있었다. 송복, 박재간을 비롯한 학우들과
미국의 Andrus Gerontology Center (USC), University of Michigan
및 University of Florida의 Gordon Streib, Vern Bengtson, Ruth
Dunkle 등 교수들의 자문을 받았다. 이들 모두에게 빛나는 앞날이
있기를 축원한다. 그리고 Michigan State University의 고임길진 학
형의 따뜻한 격려의 소리 날이 갈수록 더 잊지 못하고 있다.

나의 연구활동을 끊임없이 성원해 주는 춘호, 진호, 윤호와 저작
방법을 조언해 주는 베라의 건투와 평안을 축원한다.

연구소설립을 위하여 애쓴 김성원 사장에게 감사한다.

김민 선생과 지창욱 선생은 교정을 위해서 그리고 박재규 선생
은 창의적인 편집을 위해서 수고해 주었다.

전통문화의 전수에 도움이 되도록 이 책을 출판해 주신 한국학
술정보(주) 채종준 사장님께 감사드린다.

2010년 정초
효문화연구소
Elder − Respect, Inc.
성 규 탁

[목차]

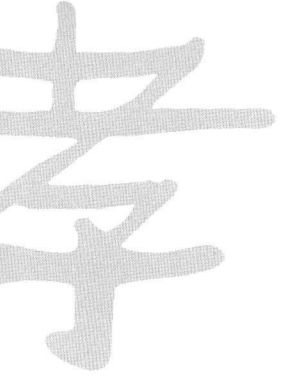

1장

효의 전통과 시대적 변화

부모를 공경하고 부양하는 일은 예로부터 지금에 이르기까지 인류의 공통적인 의무로 되어 왔다. 우리 한국인은 부모를 중심으로 가족원들이 화합하여 노소(老少)가 서로 사랑으로 보살피고 지원하는 가족체계를 이루면서 이 의무를 오랜 세월에 걸쳐 수행해 왔다.

그러나 오늘날 가족 안팎에서 일어나는 급속한 변동은 풍요한 생활을 가져다주기는 했지만 전통적으로 건전한 가족관계를 퇴색시키고 부모부양에 대한 도덕적 의식을 약화시키는 조짐을 보이고 있다(박재간, 1995; 신용하, 장경섭, 1996: 21 – 30; 김승권, 장경섭, 이현송, 정기선, 조애조, 송인주, 2000; 권중돈, 2004).

산업화와 도시화에 따른 가족구조의 변화, 급속한 출산율저하에 따른 가족원수의 감소, 주거지이동의 잦음, 여성의 사회진출, 교통통신기술의 혁신, 자유주의적 생활태도의 확산 등 일련의 사회변동으로 말미암아 우리의 생활방식이 달라지고 있다.

효는 가족을 중심으로 실천되어 왔다. 역사상 전례가 없는 가족 안팎에서 일어나고 있는 이러한 변동 속에서 우리는 효에 대한 새로운 조명을 절실히 필요로 하고 있다.

점차 부모를 보살피는 일은 자녀, 가족, 국가에 커다란 부담이 되어 가고 있다. 이렇듯 노인부양의 부담이 가중되고 가족의 자원이 감소할 경우 노부모와 노인을 천대하거나 비인간적으로 대하지 않을 것이라고 장담하기란 어려운 일이다. 사실 이 책에서 누차 지적하지만 노인을 푸대접하거나 학대하는 사건들이 외국에서는 자주 보고되고 있고 국내에서도 보고되기 시작했다(보건복지부, 2007; 김미해 & 권금주, 2008; Pillemer & Finkelhor, 1988; Tomita, 1994; Levy, 1999).

따라서 부모부양을 윤리적 시각에서 제조명하고 우리의 고유한 문화적 맥락에서 재음미하여 부모와 자녀 관계의 도덕성과 양자의 호혜적(互惠的) 관계의 당위성을 다시 정립할 필요가 커지고 있다.

이 책 『한국인의 효』 제1권과 후속하는 제2, 3, 4, 5권에서 다루어질 주제들은 현대 한국인이 가족을 중심으로 생각하고 행하는 효에 관한 것이다.

구체적으로 새 시대에 한국인이 실천하는 효의 내용은 어떤 것인가, 효의 실천장인 가족은 자체의 구조적 변화와 주변의 사회적 변동에 어떻게 적응하면서 부모를 부양하고 있는가, 특히 병약한 노부모부양에 어려움을 겪는 가족들은 어떤 사회복지적 지원을 필요로 하는가, 서양인들의 부모부양 방식과 우리의 방식은 어떤 점에서 같고 또 다른가, 한국의 문화적 맥락에서 바람직하다고 보는 새 시대의 효의 형(型)은 어떤 것인가 등 일련의 과제들에 걸쳐 사회조사방법으로 수집한 경험적 자료를 기초로 규명해 나가려고 한다. 이러한 과제들은 부모를 부양하는 성인 자녀뿐만 아니라 우리의 고령화 사회 전체가 안고 있는 공통적인 관심사가 아닐 수 없다.

먼저 이 제1권에서는 부모부양에 대한 우리의 가치인 효(孝)의 전통적 이념을 되새기면서 새 시대에 일상생활 속에서 행해지고 있는 효의 구체적 내용과 표현을 분석해 보려고 한다.

| 효의 전통적 이념

효에 관한 유교의 가르침은 여러 세대에 걸쳐 우리의 가족중심적인 생활문화의 사소한 부분에 이르기까지 커다란 영향을 끼쳐왔다(이상은, 이병도, 1976; 유승국, 1995; 신용하, 2004). 유교(儒敎)는 형식주의적인 행동문화를 조상하였다고는 하지만 한국인의 전통적인 도의심의 기틀을 이루었다(Park, 박종홍, 1983; 지교헌, 1988; 최근덕, 1995; 송복, 1999).

한국유학의 거인들인 퇴계(李退溪; 慌)와 율곡(李栗谷; 珥)은 가족중심적 덕행은 효에 바탕을 두는 것이라고 보았다. 이분들은 도덕적 가치의 기준을 효를 실행하는 데 둔 것이다(유승국, 1995; 채무송, 1985: 307 – 310; 이상은, 이병도, 1976).

효에 대해 우리가 깊은 관심을 두는 이유는 효가 부모와 고령자를 섬기는 가치일 뿐만 아니라 우리의 가족과 사회의 "서로 보살피고 지원하는" 호혜적인 생활방식과 밀접히 관련된 도덕적 가치이기 때문이다.

퇴계는 "효는 백행의 근원이고 인간생활의 지도원리"라고 했다(채무송, 1985; 박종홍, 1969). 율곡도 "효는 사람들의 모든 행동가운데 으뜸이 되는 것(百行之首)이며 가정을 바로잡는 길(正家之道)"이라고 했다(채무송, 1985; 이종호, 2008). 그는 올바른 사람을 기르는 데는 효에 바탕을 둔 부모 자녀 간의 윤리적 관계가 가장 중요하다고 했다.

전통적으로 자녀가 부모에게 효도하는 이유로서 두 가지를 들고 있다.

첫째는 부모가 나를 낳아 주신(生産) 은혜 때문이고 둘째는 부모가 나를 길러 주신(養育) 은혜 때문이다(명심보감 明心寶鑑: 효행편).

효경(孝經)에는 효의 시작은 부모로부터 받은 신체와 머리털과 피부를 상하게 하지 않는 것이라고 했다(효경, 2장 3절).

율곡은 효로써 몸을 다스리는(以孝守身) 도리에 대해 다음과 같이 말했다.

> "천하에 내 몸보다 더 소중한 것은 없다. 이 몸은 부모로부터 물려받았다. 부모가 남겨 준 이 몸은 천하의 어느 것과도 바꿀 수 없다. 부모의 은혜가 얼마나 큰 것인가를 이로써 알 수 있다. 어찌 감히 몸을 나의 것으로만 생각하며 부모를 극진히 모시지 않을 수가 있겠는가?"(율곡전서 栗谷全書, 권27, 사친장).

따라서 자녀는 부모의 은혜를 갚으려고 정성을 다하고 부모를 공경해야 할 것이며 막중한 부모 은혜를 잊어버려서는 아니 된다는 가르침이다. 그래서 율곡은 죄목 가운데서 불효가 제일 크다고 했다(학교모범 學校模範, 사친장).

부모는 자녀에게 몸을 남겨 주었을 뿐만 아니라 끝없는 사랑과 관심, 그리고 음식, 의복, 주거, 교육, 보건 등 유아로부터 성인으로 성장하는 데 필요한 온갖 유형의 물질적 및 비물질적 도움과 보살 핌을 제공한다. 대다수의 부모들은 자기들의 개인적 안락과 편의 그리고 노후의 생활안정을 위한 자원을 회생하면서 자녀의 양육을 위해 바친다. 자녀가 성장하여 성숙한 성인이 되고 난 후에도 지원 을 계속하다가 세상을 떠난다. 이 희생은 대가를 받지 않는 희생이 다. 우리 한국의 부모는 다른 나라의 부모들보다도 이렇게 자녀를 위해 희생하는 점에서 더 뛰어난다.

생산 및 양육의 크고 넓고 깊은 부모 은혜를 명심보감(효자편)에 는 다음과 같이 표현해 놓았다.

> "아버지 나를 낳으시고 어머니 나를 기르시니 슬프도다 아버지 어머니 나
> 를 낳으시고 애쓰시고 수고 하셨도다. 그 은덕을 갚고자 하는데 그 은혜가
> 하늘같이 다함이 없어 갚을 바를 알지 못하도다."

부모에게 효도한다는 것은 부모를 보살피고 부모가 필요로 하는 도움을 드리는 것, 즉 사친(事親)을 의미한다(맹자 孟子, 離婁章句 上). 예기(禮記)에는 부모에게 해 드려야만 하는 세 가지 중요한 일 들이 제시되어 있다. 첫째는 부모를 존경하는 것(大孝尊親)이며, 둘 째는 부모와 부모가 인도하는 가족을 욕되게 하지 않는 것(其次不 辱)이고, 셋째는 부모에게 좋은 음식, 의복 및 따뜻한 거처를 제공 해 드려 편안히 모시는 것(其下能養)이다.

이와 같이 첫 번째 조건이 곧 부모에 대한 존경이다. 효경에서도 부모를 존경하는 것이 효의 가장 중요한 내용임을 규정해 놓았다 (孝 莫大於嚴父). 율곡도 부모를 존경하는 것이 가장 중요하다고 했다. [존경의 가장 핵심적 내용은 다른 사람을 "보살피는 것"이다. 제3권에서 이 점에 대해서 자세히 논의한다.] 존경은 성인자녀의 부모에 대한 의무이며 덕목인 것이다. 따라서 부모에 대한 불경(不敬)은 심한 비판을 받는다.

부모에 대한 존경이 으뜸가는 효행 이유이기는 하지만 존경 이외에도 여러 가지 효행을 하는 이유가 있다. 효를 행하는 이유에 대해서 다음 장에서 논의한다.

우리의 문화에서는 특히 다른 사람을 예의 바르게 대하는 덕목이 강조되고 있다. 이러한 문화적 관행에는 사람은 마땅히 다른 사람을 존중해야 한다는 뜻이 함축되어 있다. 그런데 예의 바르게 행동하는 데에는 겸손과 양보의 덕이 깃들어 있다. 우리가 습관적으로 부모와 연장자에게 존댓말을 하고 공손한 태도와 행동을 보이고 언행을 조심하고 승낙을 받고 뜻을 존중하고 좋은 자리를 양보하고 음식을 먼저 권하고 와병 중일 때는 정성껏 보살피며 수심에 찬 얼굴을 하는 등 부모에 대한 존경을 행동으로서 표현한다. 효에 관한 전통적 가르침에서는 이러한 효의 태도와 행위는 나의 부모에게만이 아니라 윗사람과 이웃노인에게도 해야 하는 것으로 되어 있다.

| 효의 정서적 차원과 물질적 차원

위에서 지적한 세 가지 중요한 조건들 가운데 맨 끝의 능양(能養)은 부모를 위한 보살핌(케어)과 서비스를 뜻한다(소학 小學, 善行, 제6장). 즉 부모를 봉양(奉養)하는 일이다. 부모부양은 두 가지 차원에 걸쳐 할 필요가 있다. 첫째는 손끝으로 돌보아드리고 일상생활을 지원해 드리는 '수단적 부양'이고 둘째는 첫째에 못지않게 중요한 것으로 부모의 마음을 평안하게 해 드리는 '정서적 부양'이다. [이 두 가지 방식들에 대해서는 제1권~제5권에 걸쳐 여러 번 논의가 된다.]

구체적으로 부모봉양은 부모를 직접 보살피는 개인적 보살핌(personal care)도 있고 가족을 위한 서비스도 있으며 친척과 이웃을 위한 가족 바깥에서 하는 봉사도 있다. 부모를 위한 개인적 서비스는 음식을 대접하고 용돈을 제공하고 대소변 가림을 돕고 부모 곁에서 심부름하고 병간호를 하고 가사를 돌보고 침소를 정돈하고 의복을 청결히 해 드리고 이동을 돕고 세수와 목욕을 돕고 부모의 소원을 성취하는 일 등이 있다.

예기(禮記)에는 부모를 섬기는 일을 고된 의무로 생각해서는 안 되며 아들과 며느리는 즐거운 모습으로 부모를 편히 모셔야 한다고 교시되어 있다(예기, 內則 제12).

모름지기 자녀가 하는 모든 일이 부모의 마음을 편안하고 즐겁게 할 수 있다면 이는 매우 성공적으로 효를 하는 것이 된다(명심보감, 孝子篇).

그런데 효행의 필요조건으로서 물질적 부양보다도 정신적 부양(예: 존경, 마음의 평안)을 더 앞세워 지적함으로써 효의 더욱 더 중요한 내용이 물질에 선행해서 정신적이나 정서적 차원에 있음을 가르치고 있다(명심보감, 省心篇 上, 下)

율곡도 또한 자녀가 부모를 공경하고 봉양하는 것을 두 가지 차원으로 구분하였다. 부모의 구체(口體: 음식을 대접하고 몸을 보살피는 것)를 물질적으로 봉양하는 것과 부모의 심지(心志: 마음과 감정)를 편하도록 또 만족하도록 해 드리는 것이다(율곡전서, 卷27, 擊蒙要訣, 事親章). 그는 이 두 가지를 다 같이 실행해야 한다고 했다. 그러나 그도 역시 후자인 부모의 심지를 성실히 받들어 편히 모셔야 함을 강조하였다.

공자(孔子)는 부모를 형식적으로만 도와서는 아니 된다고 했다. 그는 "효는 부모에게 음식을 대접함을 뜻한다. 그러나 개와 말에게도 먹을 것을 주지 않는가? 존경심을 가지고 부모를 대접하지 않는다면 노부모와 이들 동물 사이에 무엇이 다를 것이 있겠는가?"라고 했다(논어 論語, 爲政篇). 이는 물질적으로만 부모를 봉양해서는 충분치 못하며 존경심과 온정으로, 즉 정서적으로 섬겨야함을 가리키는 말이다.

| 책임성 있는 부모부양

고귀한 부모의 은혜를 자녀는 효행으로써 갚아 나가려고 노력한

다. 맹자는 부모 은혜를 갚는 데는 다음과 같은 효심을 가짐으로써
도 할 수 있음을 묘사하였다(Chen, 1986: 376).

> "옛날 중국의 쩽쑤라는 이는 자기 아버지가 즐기는 단대추를 마련해 놓았
> 다가 수시로 아버지를 대접하였다. 그러다가 그의 아버지가 세상을 떠났
> 다. 아버지의 사망을 애통히 여기는 쩽쑤는 이 과일을 볼 때마다 아버지
> 생각이 간절하여 감히 그것을 먹을 수가 없었다."

이 이야기는 부모에 대한 보은은 오직 물질적인 수단만이 아니
라 자녀의 마음속 깊은 데서 우러나오는 정성과 애정을 통해서도
표현되어야 함을 의미한다.

보은이란 곧 부모로부터 받은 은혜의 다만 일부만이라도 갚으려
는 자녀의 인간적인 노력이다. 중요한 점은 부모 은혜에 보답하는
데에는 자녀의 부모에 대한 책임과 의무가 깃들어 있다는 사실이
다. 보살핀다(care)는 말에는 위에서 지적한 바와 같이 다른 사람을
보살핀다는 뜻이 들어 있다(성규탁, 2005; Sung, 2007). 노부모, 특
히 병약한 부모를 봉양하는 것은 자녀와 가족에게 큰 부담을 안겨
준다. 따라서 효의 한 가지 중요한 점은 이런 어려운 일을 행하는
책임을 지는 것이다.

병약한 부모를 오랫동안 간병하는 자녀는 정신적 및 신체적으로
지쳐서 부모에 대한 애정이 약하게 되는 수가 있다. 이 경우 부모
에 대한 애정은 약해져도 의무감/책임감이 있기 때문에 어려움을
참고 오랫동안 보살펴 나갈 수 있다. 애정은 흔히 사람의 변덕스러
운 감정으로 무산되어 사라질 수 있으나 책임감/의무감은 남아 있
을 수 있는 것이다. 그래서 효를 실행하는 데 있어 부모에 대한 책

임감/의무감이 중요함을 이해할 필요가 있다.

책임을 수행하는 데는 어느 정도의 희생이 따르게 마련이다. 부모가 자녀를 양육하기 위해 하는 노력은 결코 자기의 개인적 이해타산 때문에 하는 것이 아니다. 부모의 이와 같은 노력은 끊을 수 없는 부모 자녀의 혈육관계에서 오는 것이다. 부모는 자녀를 위해 자기들의 안락과 편이를 도모하는 데 써야 할 에너지를 대가를 바라지 않고 자녀에게 바친다. 즉 부모는 자녀의 양육과 성장, 발전을 위해 자기들을 희생한다. 맹자는 "이 세상의 모든 일 가운데서 부모가 자녀에게 베푸는 봉사만큼 큰 것은 없다"고 했다(논어, 學而篇).

그렇다면 자녀도 노경의 부모를 봉양하기 위해 희생해야 하지 않겠는가. 사실 효는 개인적 이득을 초월한 희생에 뿌리를 두고 있다. 오늘날의 희생이란 결코 옛날과 같이 생명을 바치거나 손가락을 끊어 피를 바치는 식의 행동일 수는 없다. 오히려 자녀가 그들의 시간, 재력, 노력의 일부를 부모봉양을 위해 바치는 것을 뜻한다. 효자는 부모를 위해 개인적 불편 및 어려움을 참고 견디어 낸 사람들이다. 즉 희생을 감수한 사람들이다.

| 호혜적 관계

부모와 자녀가 서로 보살피고 지원하는 관계는 서로 도움을 주고받는 호혜적 관계로 볼 수 있다.

이 점에 관해 우리나라 근세사에서 가정생활 윤리에 커다란 영향을 끼친 퇴계(退溪)와 율곡(栗谷)의 말을 들어 보고자 한다.

퇴계는 경장자유(敬長慈幼: 아랫사람은 윗사람을 공경하고 윗사람은 아랫사람에게 인자하게 대하는 교호적 부모 자녀 간의 도리를 밝혔다. 율곡도 퇴계와 같이 "남의 아버지가 된 자는 그의 아들을 사랑할 것이요 자식 된 자이면 그의 부모의 은혜를 망각해서는 아니 됨을 강조하였다[只孝爲父 當慈爲子 當孝](율곡전서, 권27, 撃蒙要訣).

즉 퇴계는 말하기를 "부모가 자식을 사랑하는 것은 자(慈, 인자함)이며 자식이 부모를 섬기는 것은 효(孝)이니 효와 자의 도는 천성에서 나온다. 효와 자는 중선의 으뜸으로 그 은혜는 지극히 깊으며 그 윤리는 지극히 무거우며 그 정은 절실하다"(채무송, 1985: 310).

이 말은 자녀와 부모 사이의 호혜적 의무를 가르치는 것이다. 즉 부모는 자녀에게 사랑으로 베풀고 자녀는 부모가 베풀어 주는 사랑에 보답해야 함을 의미한다.

부모의 사랑에 보답하는 것이 효행의 중요한 내용이 된다. 퇴계의 가르침의 근본이 되는 경(敬)은 사람을 존중하고 사랑함(仁)을 의미한다(금장태, 2005; 이상진, 송기섭, 이덕일, 1997). 이러한 존경과 사랑을 바탕으로 하는 관계는 인간 본성에 그 뿌리를 두는 것이며 경을 가장 실제로 실현하는 방법은 부모, 가족, 그리고 다른 사람들을 존중하고 사랑하는 것이라고 하였다.

이와 같이 효가 내포하는 윤리는 일방적으로 강행되는 인간관계가 아니라 서로 존중하고 사랑하면서 도움을 주고받는 호혜적인 윤리이다. 이 윤리의 바탕은 곧 인(仁)--다른 사람을 사랑하는 것--이다.

호혜적인 부모 자녀 관계를 증명하는 하나의 예로 간(諫: 타이름)을 들 수 있다. 부모도 잘못을 범할 수 있는데 이런 경우에 자녀는 부드러운 표정으로 부모를 타이를 수 있다고 가르치고 있다(예기, 內則).

호혜적 관계는 인과응보의 원리에 따른다고 볼 수 있다. 명심보감(효행편)에 "태공이 말하기를 '어버이에게 효도하면 자식도 또한 효도하나니 이 몸이 이미 효도하지 못하였으면 자식이 어찌 효도하리오.'" 그리고 같은 효행편에 "효도하고 순한 사람은 다시 효도하고 순한 자식을 낳을 것이오. 믿지 못할 것 같으면 오직 처마 끝의 물을 보라. 방울방울 떨어지고 떨어져 어긋나게 옮기지 않느니라." 오랜 세월에 걸쳐 우리의 선조가 겪은 경험을 바탕으로 인간 사회의 인과응보를 설명하는 말이다.

명심보감에 소개된 손순, 상덕, 도씨의 지극한 효행에 관한 이야기들은 곧 이러한 인과응보에 관한 사례를 후세에 소개하여 부모에게 지극한 효도를 하면 그 효자에게 복이 돌아온다는 부모 자녀 관계의 교호성을 가르치고 있다(명심보감, 尙德都氏).

| 가족 중심적 실천

퇴계는 효는 일상가정생활 속에서 실현되어야 함을 강조했다. 율곡도 역시 부모공경은 일상적으로 행해야 한다고 했다.

효는 가족을 중심으로 실천됐다. 효행에 관한 이야기들은 대부분이 가족원들의 상호관계에 관한 내용이 따른다. 부모를 모시는 일은 가정에서 가족성원들이 상호 협동하고 상호 부조하는 가운데서 이루어질 수 있기 때문이다.

우리는 가족주의적 전통 아래에서 가족원들 사이에 밀접한 관계를 유지하는 민족이다(신용하, 2004; 치재석, 1994; 이광규, 1990). 개개 가족원은 가족이라는 하나의 단위 속의 부분으로서 기능하는 전통이 있다. 그러나 가족원 한 사람 한 사람의 행위는 가족 전체에 영향을 미치며 그로 인한 문제는 가족 전체의 걱정거리가 된다. 이러한 맥락에서 가족의 화합은 매우 큰 뜻을 갖는다. 그뿐만 아니라 개개 가족원은 자신의 가족이 떳떳이 명예롭게 영원히 존속하게 하려고 노력한다. 조상숭배와 족보보존은 우리 사회에서 아직도 널리 시행되고 있으며 이 관행은 가족지향적인 성향을 강화하고 있다. 조상을 숭배함은 어버이를 잊지 아니하려는 것이고 족보를 보존함은 가족의 영속을 도모하려는 노력이다.[한국인의 가족주의적 성향에 대해서 제3장에서 조사자료를 바탕으로 논의한다.]

부모 사후에도 그분들이 생존해 있을 때와 같이 존경하고 섬기는 데까지 효는 연장된다. 공자는 말하기를 "효자는 어버이의 상례를 치를 때는 슬피 울고 깊이 애도하며 말을 엄숙히 하고 화려한 옷을 입지 않으며 음악을 즐기지 아니하고 맛있는 음식을 삼가는데 이렇게 하는 것은 부모의 죽음을 슬퍼하고 서러워하는 정을 표하는 것이다"(효경, 今文喪親章). 부모가 완성하지 못한 일을 계승하여 이를 실현하기 위해 노력하는 것도 효이다. 부모의 상례가 끝나면 부모를 위한 제사를 모시고 부모 산소에 성묘한다. 이러한 효행은 가족원들이 함께하는 가족행사이다.

우리는 어릴 때부터 부모와 가족을 으뜸으로 생각하도록 사회화되어 왔다. 그리하여 부모에게 못 다한 효를 또는 죽은 남편에게 못 다한 정성을 시부모에게 하는 효행의 전이현상이 가족 내에서 흔히 이루어진다.

따라서 효는 부모가 생존할 때부터 사후에 이르기까지 생활주기 전반에 걸쳐 긴 기간에 걸쳐 이루어진다.

공자는 이르기를 "효자의 어버이 섬김에서 공경을 지극히 하고 봉양함에는 즐거이 하고 병들 때는 지극히 근심하고 상을 당해서는 지극히 슬퍼하고 제사를 지냄에는 그 엄숙함을 지극히 할지니 이 다섯 가지를 갖춘 연후에 능히 어버이를 섬김이니라"(효경, 傳之7章, 今紀孝行章).

또한 공자는 "형벌에 속하는 것이 삼천이로되 불효보다 더 큰 죄는 없다"고 했다(효경, 傳之8장, 今文五刑章).

가족적 차원의 효는 이웃, 나아가 사회적 차원으로 확대된다.

효자는 자기의 부모가 아닌 다른 노인들도 공경해야 한다고 했다. 효경에는

"어버이를 사랑하는 자는 감히 사람에게 악하지 아니하고 어버이를 공경하는 이는 감히 사람에게 오만하지 아니하나니 사랑하며 공경하기를 어버이 섬김에 다하면 덕의 가르침이 백성에게 더하여 사해의 법이 되리니 천자의 효이니라"(효경, 1章, 今文開宗名義章).

이 가르침은 사회의 모든 성원은 서로 지원하면서 조화로운 도덕적 관계를 유지해야 한다는 데 기초한 것이며 이 관계의 중심은 역시 효이다.

| 시대적 변화

　산업화와 도시화에 따른 사회변동이 심화됨에 따라 효의 이념을 재조명하여 효행을 다시 강조하려는 데 사회적 관심이 커지고 있다. 이는 사회적 변화에 대한 우리의 '문화적 저항'(文化的 抵抗)을 나타내는 것으로 볼 수 있다.

　효는 인간관계를 깊이 이해하고 인간 상호 간의 예의범절을 지키는 바탕에서 이루어질 수 있다.

　특히 부모 자녀 사이의 끊을 수 없는 깊은 관계와 자녀가 지켜야 할 예의범절은 인간이 마땅히 이해하고 실천해야 할 도리이며 이는 곧 자연의 이치에 순응하는 길이다(유승국, 1995; Kalton, 1987).

　따라서 효는 부모 자녀 사이에 호혜적 관계를 예의범절로 유지할 때 그 뜻이 가장 훌륭할 뿐만 아니라 부모와 자녀의 진정한 안녕과 복리를 증진하는 효과를 낼 수 있다고 본다.

　효는 우리 사회에서 하나의 넓고 깊은 가치로서 과거보다는 그 강도가 낮지만 여전히 통용되고 있다. 이 가치는 자녀의 부모에 대한 태도와 행위의 도덕적 적합성을 판단하는 우리 사회의 문화적 기준이 되고 있다.

　오늘날 효에 관한 이야기들은 학교와 가정에서 그리고 신문과 텔레비전을 통해서 흔히 전달되고 있다. 최근에는 문화교육단체, 사회복지기관 및 지방정부기관들이 효의 이념과 관행을 고취, 장려하는 각종 행사를 전개하고 있다. 오늘날 우리 사회에서는 이러한 효에 관한 사회적 노력 또는 사회공작(社會工作)이 계속되고 있다.

현대 사회에서 실행되는 효가 전통적 효와 질적으로 다른 것이라고 보아서는 안 되고 다른 것이 있다면 그것은 사회구조의 변화로 말미암은 효행 방법의 차이가 있을 뿐인 것으로 보고 있다(고영복, 1983; 한남재, 1997; 신용하, 2000; 성, 2005). 따라서 세상이 달라져도 효는 고령자와 노부모를 부양하는 역할을 뒷받침하는 우리 사회의 가장 중요한 가치로서 존속할 것이라고 믿고 있다(박제간, 1989; 유승국, 1995; 최근덕, 1995; 송복, 1999; 신용하, 2004).

한국인은 여전히 효 이념을 실현해 나가고 있지만 사회적 변동으로 말미암아 전통적 이념을 실현하는 방법이 '수정'(修整)되고 있다(한남제, 1997; 성규탁, 2005). 우리의 생활 속에 뿌리내린 효 이념을 새로운 사회적 맥락에서 구현하는 현실적인 방법을 적용할 필요성이 생긴 것이다(신용하, 2004; Sung, 성규탁, 2002). 산업화와 도시화에 따른 인구이동, 주거형태의 변화, 통신기술의 발달, 직업전선에서의 극심한 경쟁 등 일련의 사회 환경적 변동에 따라 효의 표현을 수정하지 않을 수 없게 되었다.

따라서 새 시대의 부모 자녀 간의 관계는 이런 변동에 수응하여 전통적 부모 자녀 관계를 수정한 것으로 대체해야 한다고 본다. 그리고 적어도 다음의 네 가지 차원에서 전통적인 관계와 차이가 있어야 할 것 같다.

첫째는 부모와 자녀 간의 관계가 위에서 아래로 명령만 내리는 일방적이고 권위주위적인 방식에서 서로 존중하고 서로 대화하는 방식으로 발전하여야 한다. 전통사회에서 부모는 자녀에게 가부장의 권위를 행사하며 강압적인 상의하달식 관계를 지켰다. 그런데 어른과 자녀의 우호적인 상호관계 속에서도 부모 자녀 사이의 윤리는 유지될 수 있다고 본다. 즉 이런 관계에서도 효의 기본내용인 부모에 대한 존경, 애정, 보은, 책임성은 실행될 수 있다.

효의 덕행은 그것이 두 역할자 사이에 호혜적이며 상호 존중하는 방향으로 이루어질 때 안정되게 오래 실행되어 나갈 수 있다. 예로 사회복지적 시각에서 도움을 주고받는 역할자들(서비스를 받는 사람과 서비스를 제공하는 사람) 사이에 상호 존중하며 서로 필요한 것을 주고받는 관계가 성립될 때 가장 바람직한 서비스의 효과를 낼 수 있다(Connidis, 2001). 부모와 자녀 사이에서도 서로 존중하며 상대방의 어려움을 이해하고 성의 있게 도와 나감으로써 진정한 호혜적인 관계를 이룩할 수 있다고 본다.

둘째는 여성에 대한 시각이 달라져야 한다는 것이다. 여성이라 하면 며느리이며 남자 노인의 경우 아내이며 다음으로 딸이 된다. 이들은 바로 노인부양의 주역을 맡은 가족원들이다. 전통적으로 여성가족원들은 가족 내에서나 사회에서의 지위와 권한이 제한되어 있었고 이들이 노부모와 가족을 위해 하는 봉사에 대한 정당한 평가가 이루어지지 못했으며 그들의 가족을 위한 희생이 당연한 것으로 받아들여져 왔다. 따라서 앞으로는 부모 자녀 관계에서는 물론 사회생활 전반에 걸쳐 여성의 권한과 발언권을 남성과 동등하게 존중하고 이들이 특히 고령의 부모와 의존적인 가족원을 위해 바치는 희생을 줄이는 방안을 가족과 사회가 강구해 나가야 하겠다.

셋째는 가족의 변화에 적응해서 효를 구현하는 방안을 강구하는 것이다. 오늘날 가장 어려운 문제의 하나가 부모와 자녀가 서로 떨어져 생활하는 사례가 급격히 느는 것이다. 떨어져 살면서도 자녀는 부모에 대한 존경, 애정, 보은, 책임을 수행하는 노력을 가족과 사회가 수용하는 수준으로 행할 수 있어야 할 것이다. 부모 측에서도 자녀가 지리적 거리로 인해 생기는 문제들을 극복하면서 부양을 위해 애쓰는 것을 딱하게 여기고 별거로 인해 생기는 불편을 수용해야 할 것이다. 그리고 가족원수의 감소와 여성가족원의 직장진출로 인하여 고령의 부모가 위급할 때 돌볼 사람이 부족하거나 부재하는 경우가 흔히 있다. 이에 대비해서 이웃과 친지로 이루어진 지원망을 만들고 지역사회에서 입수할 수 있는 서비스를 활용할 준비를 평소에 해 놓아야 한다.["떨어져 사는 자녀와 부모부양"에 대해서는 『한국인의 효』 제4권에서 사회적 지원망에 대해서는 제2권 8장에서 자세히 논의한다.]

넷째는 가족적 차원의 효는 이웃과 사회적 차원으로 확대되어야 한다. 효에 대한 원래의 가르침은 자기의 부모가 아닌 다른 노인들과 다른 가족들도 공경하고 지원해야 하는 것으로 되어 있다. 이렇게 함으로써 사회의 모든 성원들이 인(仁: 사랑과 인간애)을 구현하면서 조화롭고 호혜적인 인간관계를 유지할 수가 있는 것이다. 이런 관계를 바탕으로 호혜적인 사회적 지원망을 이루어 공동사회 내의 모든 성원들을 보살피는 지원체계를 구축할 수 있다. 가족 자체 지원능력에 이상이 있을 때는 이 지원망으로부터 지원을 받을 수 있다. 이렇게 되면 이웃과 사회를 포용하는 효가 매우 긴요한 사회적 가치로서 통용될 것이다.

이 책과 후속하는 제2, 3, 4, 5 권에서 새 시대에 효를 실행하기 위해 수정해야 할 이 밖의 여러 가지 차원들에 관한 논의를 계속하려고 한다.

새로운 방향으로 가족성원들과 이웃과의 호혜적 관계를 이룩하는 데 필요한 기본정신은 이미 오래전에 선현들이 교시한 바 있다. 앞서 인용한 퇴계의 경(敬)의 뜻은 바로 부모·자녀, 부부, 형제·자매, 이웃이 서로 사랑하고 존중하는 공동체를 이룩하는 것이다. 경은 인(仁, 사랑, 인간애)을 실천하는 것이다. 인간주의적이고 민주주의적 원칙을 수백 년 전에 우리 조상들이 제시해 놓은 것이다 (최문형, 2004; 340 - 348).

현대적 효는 변화하는 가족의 구조와 사회적 환경에 적응하는 방향으로 수정되어 나가야 하겠다.

이러한 시각에서 전통사회에서 이루어진 효도방법을 절대시하는 시각은 바뀌어져야 한다. 흔히들 효가 역기능적이다 또는 비현실적이라고 논평하는데 이런 비판은 적어도 위에서 지적한 사항들을 발전적으로 다루지 못한 데서 연유하는 것으로 본다.

한국인의 부모에 대한 태도와 행위가 어떻게 달라지고 있는가에 대한 관심이 증대하고 있다. 예를 들어 한국인이 실행하는 효의 내용과 방식이 어떠한 것이며 효를 행하는 사람들이 노부모에게 어떠한 서비스를 제공하며 효행을 하는 과정에서 가족관계는 어떻게 유지되는가 떨어져 사는 자녀는 어떤 방법으로 부모를 부양할 수 있는가 고령자들이 원하는 서비스가 무엇인가 등에 대한 정보와 지식이 필요하다.

이러한 과제들에 대한 해답을 분석해 봄으로써 한국인의 노부모와 노인을 부양할 의지와 관행에 대한 보다 심층적인 정보를 얻을 수 있으며 이 정보를 바탕으로 다음 세기에 효를 실천하는 방안을 연구, 개발할 수 있다고 본다.

다음 각 장에서 다룰 내용은 이러한 과제들에 대한 답을 얻으려

고 저자가 행한 일련의 경험적 연구들로부터 나온 결과를 논의하
는 것이다.

2장

왜 효도를 하는가?

지금까지 효는 막연하고 구체적이지 못하게 전해져서 효를 실천하는 데 도움이 될 만한 세분되고 분명한 지침을 갖지 못했다. 게다가 지난 반세기 동안 우리 사회는 역동적 변화를 거듭해 와 효를 실천하는 가족 안팎의 사정들이 달라졌다.

그렇다면 오늘날 변동하는 사회에서 우리 한국인들이 생각하고 행하는 효의 구체적인 내용이란 어떤 것일까?

부모님에게 효도하는 이유는 무엇이며 효를 어떻게 표현하고 있으며 어떠한 형태의 서비스를 제공하고 효를 함으로써 어떠한 결과를 얻으며 또 가족들과 어떠한 관계를 유지하면서 효를 행하고 있는가? 그리고 오늘날 한국인들이 바람직하다고 보는 효의 형(型)이란 어떠한 것인가?

이러한 구체적인 과제들에 대한 답을 찾아보려고 부모를 모범적으로 보살피고 부양하여 효행상(孝行賞)을 받은 930명에 대한 기록문을 분석하였다. 효행상수상자의 효행에 관한 자료는 일반화하는 데 제한이 있겠으나 오늘날 우리 사회에서 모범적이라고 판정한 효의 상(像)을 제시한다고 볼 수 있다.

정부(보건복지가족부)의 효행상을 1973~1986년 사이에 받은 3,000여 명 중에서 무작위로 뽑힌 823명(효행실록, 한국노인문제연구소, 1986)과 삼성효행상을 1975~2000년 사이에 받은 215명(삼성복지재단효행록 1975~1995) 중에서 무작위로 뽑힌 107명이 포함되었다. 그리고 이들 효행자로부터 효행에 대한 의견을 직접 들어 분석해 보았다.

이 두 가지 조사들의 결과를 소개하고자 한다(성규탁, 2005; Sung, 2007).

효가 뜻하는 바와 효를 행동으로 실행하는 데 대한 여러 가지 줄거리의 이야기들이 중국에서 오랫동안 애독되어 온 "효행의 24개 실화"(孝的故事, 1997)에 실려 있다. 한국의 효행자들에 관한 이야기를 담은 "효행실록"(孝行實錄)에도 역시 효행에 대한 많은 사례가 소개되어 있다.

이와 같이 중국과 한국에서 부모에게 효도한 사람들의 이야기를 살펴본 결과 양쪽 모두 효의 뜻과 행동이 비슷하였다. 그런데 중국의 효행 이야기들 가운데는 전설적인 옛이야기들이 포함되어 있었지만 한국의 효행자 이야기들은 모두가 현재 살고 있는 사람들이 실제 생활 속에서 행한 효행에 관한 이야기들이다.

이들 두 나라의 이야기들을 20명의 조사자들(연세대사회복지학과 대학원생)이 분석해 본 결과 다음의 11가지 항목들이 효의 대표적인 뜻을 내포하는 것으로 나타났다.

[부모에 대해서]

1. 부모를 존경하는 것
2. 부모를 위해 육체적 및 재정적으로 희생하는 것
3. 자녀의 책임을 수행하는 것
4. 부모 은혜에 보답하는 것
5. 부모를 중심으로 가족을 화합하는 것
6. 고령인 부모에게 동정심을 갖는 것
7. 부모를 극진히 보살피고 지원하는 것
8. 부모를 위해 어렵고 비상한 일을 하는 것
9. 부모에 대한 애정을 표하는 것
10. 남을 위해 못 다한 일을 부모를 위해 하는 것
11. 가족이 영원히 존속하도록 힘쓰는 것
12. 부모의 친지를 위해서 향연을 베풀고 조상의 사당과 묘를 유지하는 것
13. 종교적 가르침에 따라 부모를 모시는 것
14. 이웃과 화합된 관계를 유지하는 것

| 효행의 내용

먼저 한국의 효행실록에 엮어져 있는 이야기들을 분석했는데 이속에는 효행자의 개인적 배경, 효행의 역사, 효행과정에서 겪은 육

체적, 재정적 및 사회적 희생, 감동할 만한 효행에 관한 일화, 가족 원들과의 관계, 추천자의 의견 등이 수록되어 있다.

이들 이야기의 내용을 내용분석방법(content analysis)이라고 하는 조사방법을 사용해서 체계적으로 분석하였다. 그러나 이 이야기들에서 얻은 자료만으로는 효에 관한 태도와 행위를 신뢰성 있게 또 정확히 파악하기가 어려워서 효행자들에게 설문을 보내어 효행에 대한 그들의 의견을 직접 얻어서 분석하는 두 가지 조사방법을 함께 사용하여 효행의 실상을 알아보았다. 조사대상자는 앞에서 소개한 930명의 효행상수상자들이다.[조사방법의 더 자세한 내용은 저자의 『현대한국인의 효』, 2005 (집문당)과 "Respect for the Elderly", 2007(University Press of America) (Part Ⅰ)에서 소개하였음.]

1) 효행자의 사회적 특성

대다수(64%)의 효행자들은 농촌지역에 거주하며 여성이 과반수이고(67%). 52%가 50세 이상이다.

51%가 중학교 이하의 교육을 받았으며 생활 정도는 대체로 낮았다. 효행자의 4분의 3이 5년 이상, 반 이상이 11년간, 그리고 3분의 1이 16년 이상 효를 실천하였다. 평균 실천 기간은 12년이다.

효행자들 대다수는 급속한 산업화에 따른 농촌으로부터 도시로의 인구이동, 핵가족의 증가, 이에 수반한 여러 가지 가족 안팎의 변동이 있던 시기에 부모를 부양하였다.

2) 제공한 서비스

효도를 받은 노부모들의 65%가 여성이고 95%는 59세 이상이다. 대다수는 배우자를 잃고 자녀에 의존하고 있었다. 이분들의 93%가 효행자들의 직계 가족이다.

효행자 한 사람이 봉양한 부모의 수는 1명이 47%, 2명이 36%, 3명 또는 그 이상이 17%이다. 약 반수가 시어머니에게 효도했다. 효행자들이 부모에게 제공한 서비스는 곧 효의 표현이다. 이 서비스를 통해 효의 이념이 실현된 것이다.

노부모들은 허약했으며 신체적, 정신적 및 사회적 문제들을 가졌다. 가장 빈번히 지적된 문제는 마비증(25.5%), 대소변실금(23.6%), 기동력상실(17.4%), 배우자 없이 홀로 생활하는 것(11.8%), 노인성 정신질환(10.3%), 시력장애(9.3%), 고독감(8.1%), 빈곤(6.4%) 등이다. 효행자들은 이분들에게 손끝으로 하는 여러 가지 서비스를 지속적으로 제공하였다.

가장 빈번히 지적된 서비스는 다음과 같다.

* 와병 중인 부모를 병간호하는 일
* 대소변을 실금하는 부모를 돕는 일
* 와병 중인 부모를 위해 식사 시중을 하는 일
* 어려운 중에도 약을 마련하는 일
* 부모를 모시는 대가족의 생계를 유지하는 일
* 이웃 노인을 섬기는 일

서비스들은 다음의 3가지 범주로 나누어 볼 수 있다.

(1) 개인적 보살핌(병간호와 일상생활 도움)

병간호를 해 드림

통변을 도와 드림

식사시중을 해 드림

약을 공급해 드림

안마를 해 드림

위독한 부모에게 헌혈을 함

세탁을 해 드림

목욕을 시켜 드림

방을 정리해 드림

말상대가 되어 드림

책, 신문을 읽어 드림

외출할 때 동반해 드림

업어서 이동시켜 드림

부모의견을 존중해 드림

부모의 소원을 성취해 드림

노인학교에 보내 드림

이상 개인적 보살핌이 16가지가 되는데, 이 중에서 7가지는 보건과 관련된 것이고 나머지는 지지적 서비스로 볼 수 있다.

(2) 가족을 위한 지원 서비스

대가족 부양

자녀와 형제, 자매를 위한 교육

가족의 장래를 위한 저축

성묘

친척 대접

(3) 지역사회를 위한 서비스

지역사회 노인을 위한 서비스

양로원 또는 노인정 방문

노인학교 후원

불우한 청소년을 위한 장학금 제공

지역사회의 공익사업 지원

이와 같이 서비스들을 '부모', '가족' 및 '지역사회'를 위한 세 가지로 나눌 수 있다. 그들은 노부모를 위해서 이러한 비교적 다양한 서비스들을 제공했기 때문에 상을 받은 것이다. 자녀교육, 형제·자매를 위한 교육, 병든 남편 간호, 대가족 부양, 가장의 역할수행, 시동생을 교육하거나 결혼시키는 일 등이 모두 효행 속에 포함되어 있다.

따라서 효행은 상당히 광범위하다. 가족 테두리의 좁은 개념으로부터 이웃과 사회로 확대되었다.

효는 상호 교환적인 성격을 띠고 있다. 부모는 자녀를 양육하는 데 헌신하였고 자녀는 부모를 노후에 부양하였다. 이와 같이 부모와 자녀 사이에 생활주기를 두고 교환관계가 이루어졌다.

노부모는 효도를 받으면서 자녀에게 아이 돌보기, 집안일 돕기, 정보 제공, 충고 및 위로 제공, 사기를 돋우어 주는 일, 재정적 도움 등을 해 주었다.

| 효행을 한 이유

효행을 하는 이유는 효행자로 하여금 효도를 하도록 이끈 동기, 즉 효행자의 마음속의 충동과 의지를 말한다. 사람이 부모에게 효도하려는 열망은 그가 지닌 믿음이나 가치에 의해 이루어진다. 효도를 한 이유는 개인의 도덕적 의무감에 의해 동기화되므로 이는 덕행(德行)이다.

효행 이유는 다음의 11가지 항목으로 나누어졌다.

〈효행 이유와 세부항목〉

(1) 부모를 존경함

① 경의를 표하며 공손하게 대함
② 보살피고 지원함
③ 명예를 드리고 높이 받들어 드림

(2) 부모에 대한 책임을 가짐

① 부친 사후에 어머니를 잘 모심

② 배우자 사후에도 시부모를 잘 모심

③ 부모부양을 위해 결혼을 늦추거나 사회활동을 줄임

(3) 부모를 희생적으로 보살핌

① 자신의 안락을 돌보지 않고 보살핌

② 저임금으로 부모의 의료비를 내거나 부모 대신 대가족을 부양함

③ 부모병간을 하면서 장애인 배우자를 보살핌

(4) 부모를 동정함

① 잘 섬기지 못함을 뉘우침

② 허약하거나 장애를 가진 부모를 가엾게 여김

③ 부모가 늙어 감을 딱하게 여김

(5) 가정을 화합시킴

① 부모 중심으로 화합된 가족을 이룸

② 부모와 다른 가족원들 간의 대화와 교환을 촉진함

③ 형제와 친족을 지원함

(6) 다른 가족을 위해 못한 일을 효도로써 보상함

  ① 친정부모를 모시지 못함을 보상하려 시부모를 잘 모심
  ② 죽은 배우자를 섬기지 못함을 보상하려 시부모를 잘 모심
  ③ 다른 가족에게 해 주지 못함을 보상하려 부모를 잘 섬김

(7) 부모 은혜를 갚음

  ① 부모의 소원을 성취함
  ② 물질로써 즐겁게 해 드림
  ③ 비물질적인 방법으로 즐겁게 해 드림

(8) 종교적인 믿음으로 효도함

  ① 유교의 가르침을 따름
  ② 불교의 가르침을 따름
  ③ 기독교의 가르침을 따름

(9) 지역사회의 화합을 도모함

  ① 이웃 노인들을 위해 모금을 하거나 서비스를 제공함
  ② 이웃 청소년이 노인과 조화된 관계를 갖도록 지도함
  ③ 환경을 보존하고 교통안전을 증진함

(10) 가족의 체면을 유지함

① 부모나 가족을 욕되게 하지 않음
② 부모의 생일과 가족행사에 이웃을 대접함
③ 조상의 사당과 묘를 가꾸고 유지함

(11) 가족의 영속을 도모함

① 전쟁이나 천재지변으로 분산된 가족을 다시 모이게 함
② 가족영속을 도모하고 조상숭배를 함
③ 가족의 명예와 사회적 지위를 지킴

위의 11가지 효행 이유들은 효행자들에 관한 이야기 내용을 해석, 요약 또는 추리해서 알아낸 것이다.

가장 빈번히 지적된 효행이유는 '부모를 존경하기 때문'이다. 이 다음으로 '부모에 대한 책임/의무때문에', '부모은혜에 보답하려고', '부모를 중심으로 가족을 화합하려고', '부모를 위해 희생하려고' 등의 이유들이 따랐다. 소수는 '기왕에 이루지 못한 것을 보상하려고', '종교의 가르침에 따라,' '가족의 체면을 유지하기 위하여' 효행을 했다고 응답하였다.

| 효행 중 강조한 점: 부모를 위한 희생

효행자들이 장기간 부모를 부양하면서 강조한 점은 무엇일까?

가장 빈번히 나타난 강조점은 '부모를 위한 희생'이다. 3가지 유형의 희생을 했는데, 가장 많이 지적된 것은 신체적 희생(78%)이고, 두 번째는 재정적 희생(56%)이며, 세 번째가 사회적 희생(42%)이다.

신체적 희생은 효행자가 자신의 안락을 돌보지 않고 어려운 일을 하면서 노부모에게 직접 봉사를 했음을 의미한다. 재정적 희생은 경제적으로 어렵게 생활하면서도 부모의 의료비와 약값을 지불했음을 뜻한다. 그리고 사회적 희생은 노부모를 헌신적으로 보살피려고 직장을 그만두거나 쉬고, 사회생활 일부를 제대로 하지 못한 것을 의미한다.

그러나 효도를 한 결과로 효행자들은 바람직한 가족관계를 이룩하였다. 그리고 효행자는 자신의 자녀로부터 효도를 받았다. 물질적인 것보다는 심리적인 보상(만족감, 행복감)을 받은 것이다.

다음에 효행자로부터 받은 설문으로 수집한 자료와 위의 조사결과를 종합해 보았다. 설문조사에서도 효행 이유를 비롯해서 거의 모든 항목에 걸쳐 이야기를 분석한 결과와 거의 같은 결과가 나왔다.

즉 이야기를 분석해서 알아낸 효행 이유와 설문을 통해서 알아낸 효행이유가 그 등위에서 비슷하다(표 1).

표 1. 제1단계 및 제2단계 조사에서 나타난 효행이유 비교*

효행이유	제1단계에서 식별된 동기(등위)	제2단계에서 식별된 동기(등위)
부모에 대한 존경	1	1
부모에 대한 책임	2	2
가족의 화합	6	4
부모를 위한 희생	3	5
부모 은혜에 보답	4	3
가족의 영속	7	7
부모에 대한 동정	5	6
지역사회의 화합	8	9
역할의 보상	9	8
종교적 신념	10	10
가족의 체면유지	11	11

* 지적빈도에 기초한 등위임.

표 2에는 11가지 효행 이유의 두 가지 등위들(하나는 효행 이유를 지적한 '빈도'에 기초한 등위이고 다른 하나는 효행 이유의 '중요성'을 평가한 점수에 의한 등위)을 비교해 본 것이다.

종합 등위에서 부모존경이 제일 높다(빈도 1위, 평점 1위). 다음으로 자녀의 책임(빈도 2위, 평점 2위), 가족의 화합(빈도는 4위, 평점은 3위)이고, 부모 은혜를 갚는 것(빈도는 3위, 평점은 6위)이고, 부모를 위해 희생하는 것(빈도 5위, 평점은 7위) 및 가족의 영속(빈도는 7위, 평점은 5위)이다. 이들 주요 이유 다음으로 부모에 대한 동정, 이웃과의 화합, 보상, 종교적 신념, 체면유지의 순위로 이어진다. 부모 은혜 보답은 두 등위들(빈도는 3, 평점은 6) 간에 차이가 엿보인다. 그러나 종합 등위는 비교적 높은 4위로 나타났다. 지역사회 화합은 빈도에서는 9위, 평점으로는 4위로서 지적빈도는 낮으나 비교적 높은 중요성 평점을 받았다.

두 가지 등위들의 등위상관계수가 .82로 분석되었다. 즉 지적빈도에 따른 등위와 중요성에 따른 등위가 비슷하게 나타나 이 등위들의 신뢰성과 타당성을 시사하고 있다.

표 2. 효행 이유: 빈도와 평점에 따른 등위 비교*

동기유형	빈도에 따른 등위	평점에 따른 등위**	종합 등위
	등위(%)	등위 평균	
부모존경	1 (100)	1 4.98	1
자녀책임수행	2 (85)	1 4.98	2
부모 은혜 보답	3 (72)	6 3.46	4
가족의 화합	4 (47)	3 4.46	3
부모를 위한 희생	5 (43)	7 3.29	5
부모에 대한 동정	6 (27)	7 3.29	7
가족의 영속	7 (20)	5 3.90	5
못 다한 일 보상	8 (11)	9 3.25	9
지역사회 화합	9 (7)	4 4.16	7
종교적 가르침	10 (3)	10 2.62	10
가족체면유지	11 –	11 2.50	11

* Spearman 등위계수(Rho) = .818(.001)
** 5단위 척도에 의한 평점 가중치의 평균에 기초함.

| 맺는 말

과학적인 조사방법과 자료분석 기법을 사용하여 질적 및 계량적 조사를 해서 효의 개념이 복합적 항목들로 설명될 수 있다는 사실을 발견하였다. 특히 효는 가족을 중심으로 노부모 및 다른 성원들과 복잡한 대인관계를 유지하면서 실천된다는 사실이 들어 났다.

주요한 조사결과를 다음의 네 가지로 묶어 볼 수 있다.

〈부모에게 제공한 보살핌과 서비스〉

효는 구체적 보살핌과 서비스를 부모에게 제공함으로써 실천되었다. 오늘날 한국인들이 직면하는 심각한 과제 중의 하나가 바로 노부모에게 보살핌과 서비스를 제공하는 것임을 생각할 때, 효가 의미하는 바는 매우 크다.

효행자들은 부모에게 다양한 보살핌과 지원을 제공하였다. 효행을 하려는 의지가 행동으로 실천된 것이다. 이들이 제공한 보살핌과 서비스(이하 '서비스'라고 함)는 다음의 세 가지 주제로 구분할 수 있다.

* 부모를 위한 개인적 보살핌 및 서비스
* 가족을 위한 지원
* 이웃과 지역사회를 위한 서비스

서비스에는 부모를 병간호하는 일부터 거동을 못하는 부모를 등에 업고 다니는 일에 이르기까지 여러 가지가 있었다. 위의 개인적 서비스는 다시 다음의 3가지 단계로 분류할 수 있다.

'제1차적 서비스': 집안일 돕기(방안정리, 세탁 등), 개인적 보살핌(식사시중, 목욕시키는 일, 대소변 돕기 등), 주택제공(성인 자녀와 동거하는 것), 가정의료(간호, 의약품 제공 등).

'제2차적 서비스': 교통제공(차편 제공, 외출 시 동반, 등에 업고 다님), 심리적 지지(존경, 부모의 소원 성취 등), 용돈 제공, 보호,

사회활동 참여 기회 마련(주로 가족 성원들과 함께).

'제3차적 서비스': 책 읽어 주기, 대화 상대가 됨, 교육의 기회 마련.

오랜 세월에 걸쳐 부모부양을 하면서 위의 서비스 이외에도 여러 가지 지원을 했을 것으로 짐작한다.

그런데 개인적 보살핌과 서비스는 주로 여성 효행자들(며느리, 아내 또는 딸)이 제공하였다. 여성이 부모를 위한 서비스의 주역을 맡은 것이다. 아들은 대개 감정적 및 재정적 지원을 하며 부모를 가족 밖의 자원과 연결하는 역할을 했다. 남녀 성별에 따라 다른 문화적 전통을 반영하는 것이다. 그러나 여성이 부모부양을 과연 앞으로 얼마나 더 담당해 나갈 수 있을까 하는 걱정의 소리가 높아지고 있다. 적어도 두 가지의 인구학적 변동이 이러한 우려를 자아내고 있다. 하나는 노부모와 별거하는 핵가족 수가 증가하는 것이고 다른 하나는 가정 바깥에서 활동하는 직업여성의 수가 증가하는 것이다. 이러한 변동으로 보아 앞으로 아들이 노부모부양을 위한 집안일을 더 많이 담당하지 않을 수가 없을 것이다. 그리고 이 책 제5장 "노부모가 필요한 서비스"와 제4권 "떨어져 사는 자녀의 부모부양"에서 논의하지만 가족 외부에서 입수할 수 있는 각종 서비스를 활용할 필요성이 커지고 있다.

〈가족을 위한 지원〉

효행자들은 가족을 위해 생계유지, 자녀와 형제·자매 교육, 조상 묘 참배, 친척과의 상호부조 등을 하였다. 가족을 위한 지원은 여러 세대(자녀, 형제·자매, 부모, 조상)에 걸쳐 제공되었다. 거의 모든 효행자들이 이처럼 부모뿐만 아니라 다른 가족성원들도 지원

했다.

〈이웃과 지역사회를 위한 봉사〉

부모 외에 이웃과 지역사회의 노인들과 청소년에게도 봉사했다. 따라서 효행의 범위는 예상보다는 훨씬 광범위하다. 가족 중심적으로 부모만을 위하는 좁은 효 개념은 이웃과 지역사회 차원으로 확대되었다.

〈효행을 하는 이유〉

총 11개의 효행 이유가 발견되었다. 부모 존경이 가장 으뜸가는 이유이다. 사실 효에 관한 문헌에는 부모 존중이 가장 빈번히 언급되고 가장 강조되었다. 따라서 본 조사에서 얻은 자료가 문헌에 담긴 내용과 맞아 들었음을 알 수 있다.

부모를 존경한다는 것은 성인 자녀가 부모를 존중하며, 공손하고 성실한 태도로 보살피는 것이다. 두 번째로 주요한 부모에 대한 책임 수행은 성인 자녀가 도덕적인 의무로 부모에게 서비스를 해 드리는 것이다. 세 번째 가족을 화합하려는 이유는 부모를 중심으로 가족원들 사이에 애정 어린 지지적 관계를 이룩하는 것이다. 그리고 부모를 위한 희생은 효행자가 자기의 시간, 재력 및 에너지 일부를 부모를 위해 바치는 것이다.

효행자들은 연령, 성별, 교육 등 특성에 상관없이 특히 부모에 대한 책임을 중요시했다. 이는 한국인들의 독실한 부모부양 의지를 나타내는 것으로 본다.

〈부모를 위한 희생〉

대다수가 여성인 효행자들이 자기희생을 감수하고 장기간(평균 12년) 효행을 했다. 그들이 수행한 부양 의무는 자신들의 신체적 및 재정적 능력을 능가하는 것으로 보인다. 특히 소득이 낮고, 교육 정도가 낮으며 가족 수가 많은 효행자가 많은 신체적 및 재정적 희생을 감당하였다. 예상과는 달리 도시와 농촌을 대조해서 희생 정도를 비교해 본 결과 차이가 없었다.

효행자들은 또한 근심, 부담감, 좌절, 피곤, 사회적 격리, 구속감, 부모의 무능력 상태를 다루는 어려움, 다른 가족원들에 대한 의무의 소홀 등의 문제들을 극복했을 것이고, 신체적 장애가 있는 노부모를 섬긴 효행자들은 심한 체력소모, 시간의 투자, 끊임없는 부양으로 말미암은 정서적 소진, 부모를 위한 책임과 다른 가족을 위한 책임 간의 갈등, 자신의 부양역할수행을 제대로 못 하는 데 대한 죄책감 또는 실망 등의 문제까지도 극복해야 했을 것이다. 특히 며느리는 혈연관계가 없이 결혼 때문에 갖는 의무로써 힘든 부양역할을 수행하는 데 많은 긴장과 스트레스를 겪었을 것으로 짐작한다.

〈가족의 화합〉

가족의 화합이란 부모를 중심으로 가족원들이 하나의 질서 있는 단위로 규합되어 감정, 행동 및 취미를 나누어 가지면서 조화롭게 상호 지원하는 것이다. 이러한 조화된 상태를 갖추지 않고서는 부모를 부양하기가 어려웠을 것이다. 특히 배우자의 정신적 및 물질적 지지 없이는 오랫동안 부모부양을 해내지를 못했을 것이다.

〈효행의 결과〉

효도를 한 후 받은 보상은 물질적이 아닌 심리적인 것이었다. 두 조사에서 모두 사회적 인증과 조화된 가족관계가 주된 효행의 결과로 나타났다. 인상 깊은 것은 효행이 가족의 화합을 이룩하는 결과를 가져왔다는 사실이다. 이들은 또한 사회로부터 인정(예: 효행상)을 받았다. 특히 인상이 깊은 것은 효행자들이 자기들의 자녀로부터 효도를 받았다는 사실이다. 이는 조부모를 존경하는 부모의 효행을 보고 배우며 자란 자녀가 같은 행동과 태도를 그들 부모에게도 하게 된다는 사실을 알려 주는 교육적으로도 뜻있는 일이다.

〈효행과 환경적 영향〉

가족이 노부모를 부양하는 능력은 흔히 다양한 사회적 요인들에 의해 결정된다. 그런데 효행자들의 사회적 배경이 다른데도 불구하고, 효행의지의 높고 낮은 차이가 거의 없었다. 이들의 효행의지가 강하였기 때문에 상대적으로 내면적 심성 밖의 영향력 또는 요인들로부터 받은 영향이 적었던 것으로 추정한다.

〈교호적인 부모 자녀 관계〉

효행자들은 부모를 부양하는 과정에서 가족, 친척, 이웃 및 지역사회 성원들과 상호 지원 관계를 이루고 있었다. 전통적으로 가족 중심적 가치로서의 효는 이처럼 이웃과 지역사회까지도 포용하였다.
상당수는 상호 교환적인 관계를 가졌다. 즉 자녀와 부모가 서로 보살핌과 지지를 주고받았다. 이러한 교환적 관계는 이상적인 관계이다.
앞서 이 교호적 지지관계를 퇴계의 경을 들어 설명한 바 있다.

'교호적 부모 자녀 관계'가 한국인이 부모 자녀 관계를 재정립하는 데 반드시 고려되어야 할 점이다.[교호적 관계에 대해서는 제5권 "주고받는 세대관계"에서 자세히 논의한다.]

〈부모 자녀의 동거〉

노부모와 자녀와의 관계는 거주지가 가까운 정도, 서로 접촉하는 빈도, 접촉 시간의 길이, 접촉의 강도, 애정과 의무감의 정도 등으로 평가될 수 있다. 대다수 노인들은 자녀와 물리적으로나 정서적으로 그다지 격리되어 있지를 않았다. 최성제 교수가 행한 조사에 의하면 서울시에 거주하는 노인들의 약 70%가 자녀와 동거하고 있다(Choi, 1999). 자녀와 별거하는 노인들도 대다수가 수정된 대가족체계 속에서 비교적 전통적인 방법으로 보살핌을 받고 있다.

우리 사회에서는 부모와 자녀가 주택을 같이 사용하며 동거하는 생활양식을 선호하는 문화적 패턴이 계속되어 왔다. 자녀와 노부모가 동거하는 것은 사회적으로 바람직한 것으로 보았다. 이런 주거형태를 유지하면서 자녀와 부모가 상호 의존하고 상호 지원하기를 사회는 기대하였다. 다수의 성인 자녀들은 불편한 점(협소한 주택 공간, 성원들 간의 갈등, 사생활의 불편 등)이 있기는 하지만, 동거양식을 의무적으로 받아들이고 있었다. 이러한 가족의 노인부양 방식은 한국민족의 오랜 역사를 통해 이뤄져 왔으며 오늘날에도 이 전통을 약 반에 가까운 한국 가족들이 유지하고 있다. 그러나 근년에 와서 성인 자녀 가운데 노부모와 떨어져 사는 사례가 많아지고 있다.[이러한 변화에 적응하는 과제에 대해서 제2권~제5권의 여러 장들에서 논의를 한다.]

본 연구에서 식별된 두드러진 효행 이유와 강조점을 다음과 같이 요약할 수 있다.

(1) 부모에 대한 존경
(2) 부모에 대한 책임
(3) 부모를 위한 희생

이들 효행 이유는 효행자들이 모범적으로 보여 준 효의 본질을 나타낸다고 볼 수 있다. 이들 핵심적 이유를 연결해서 다음과 같이 말할 수 있다.

"효행자는 부모를 존경하며 책임성 있게 희생적으로 부양했다."

위의 3가지 이유 - - 존경, 책임, 희생 - -은 결합되어 효의 '이상형'을 이루는 것으로 볼 수 있다. 이 이상형은 우리가 효의 실현을 위해 노력해 가는 방향을 제시해 주는 것이다.

신용하와 장경섭(1996)은 위에서 제시한 저자의 효행 이유와 세부항목들이 현대 한국 가족에서 실천되고 있는 효행의 모형이 될 수 있다고 보았다.

3장

가족 중심적인 효

오늘의 가족들은 2세대 또는 3세대 이전의 가족들과 같지 않다. 30년 전만 해도 한국인구의 3분의 2가 농촌에 거주하고 있었으나 오늘날은 거꾸로 도시에 3분의 2가 거주하고 있는 실정이다. 농업에 종사하는 인구가 많았을 당시에는 가족들은 대가족의 형태를 갖추었으며 형제와 자매 심지어는 3촌들이 한 울타리 안에서 동거하였다.

가족의 구조는 그동안 현저히 변하여 이제는 핵가족이 한국 가족의 다수를 이루고 있다. 특히 도시에서 그러하다. 이와 함께 노인 단독세대가 늘고 있다. 가족의 크기가 작아지는 경향은 또한 출산율의 급격한 저하를 보아서도 알 수 있다. 종전에 집안에서 부모와 자녀를 부양하는 데 주도적 역할을 한 여성들의 교육, 고용 및 경제적 자립의 기회가 확대되었다. 게다가 지속적으로 밀어닥치는 외래문화의 영향으로 젊은이들 사이에 가족에 앞서 나 자신의 이득과 편의를 앞세우는 개인중심적인 풍조가 들어나 보인다.

이러한 일련의 변동은 전통적인 가족주의적 생활태도와 노인부양 행위에 서서히 변화를 가져오고 있다(신용하, 2004; 한남재, 1997; 신용하, 장경섭, 1996; 김승권, 장경섭, 이현송, 정기선, 조애조, 송인주, 2000; Sung, 2007; Choi, 2001; Yoon & Cha, 1999).

효의 의지와 관행이 시대의 변화에 따라 어떻게 달라졌는가? 그 과정을 시계열적으로 연구하는 데 필요한 자료가 그동안 축적되지를 못했다. 그래서 본 연구와 같이 부모부양에 초점을 두고 전국적인 표본을 대상으로 하여 성인 자녀의 가족에 대한 태도를 조사한 예는 드물다.

저자는 한국 가족이 가족 지향적이고 노부모를 부양하려는 의식이 다른 국민에 비해서 강하다는 연구결과를 발표한 바 있다(성규탁, 1994; Sung, 2007). 한국인들 대다수는 계속 가족을 중요시하며, 가족주의적 관행을 유지하고, 전통적인 효와 관련된 가치를 받들고 있는 사실, 그리고 산업사회로 변해 가는 과정이 이미 상당 기간 계속되었지만 부모와 동거하는 자녀의 수가 아직도 많다는 사실 등 문화적 특성에 대해서 보고하였다.

효사상은 가족주의적 가치관에 깊이 뿌리박혀 있어 개인적이기보다는 가족적이나 가족공동체적 지향성을 가지도록 영향을 끼치고 있다(신용하, 2004; 유승국, 1995). 가족주의적인 성향이 있는 사람은 가족의 상호 보조적 관계를 유지하고 가족화합을 이룩하며 가족에 대한 의무를 중요시한다(김한초, 한남재, 최성재, 유인희, 1986). 그래서 이러한 성향이 있으면 노부모를 보호 부양하려는 동기와 의지가 더 강하다고 본다.

이러한 맥락에서 전국적인 표본을 추출하여 부모부양과 연계된 가족주의적 성향을 조사해 보았다. 다음에 이 조사의 방법과 주요 결과에 대해 논의하고자 한다.

| 가족의 변화

지금부터 반세기도 더 앞서 미국에서는 우리의 오늘날 사정과
비슷하게 핵가족화 현상이 심화하여 가족의 변화에 대한 우려의
소리가 높았다. 전통적 가족제도가 산업화에 따라 구조적으로 변하
는 데 대한 위기의식이 팽배했던 것이다(Caplow, Chadwick, Bahr,
& Hill, 2007; Bedard, 1992). 그리하여 당시 하버드대학교의 저명
한 사회학자 소로킨 교수는 미국사회는 새 형태의 가족을 재건하
지 않고서는 무너지고 말 것이라고 경고하였다(Sorokin, 1941). 그
러나 그와 의견을 달리한 학자들은 미국 가족은 가족구조를 작은
형태로 축소, 조정하여 산업사회 생활에 적절히 적응하고 있으므로
희망적이라고 주장하였다(Burgess, Locke, & Thomas, 1963).

소로킨은 미국이 필요한 새로운 형태의 가족은 편의주의적이며
가식적인 가치를 버리고 도덕적 가치와 규범을 갖추어 모든 사람
에 대한 의무를 수행하고 보편적으로 결속된 가족이라야 한다고
갈파하였다.

그러나 이러한 비관적 견해에 반대하는 논자들은 미국 가족은
결코 해체되고 있지 않고 오히려 재건되고 있다고 했다. 이들은 미
국 가족은 과거와 같이 강압이나 계약에 의하지 않은 동반자관계
에서 생기는 애정과 충성심으로 결합하여 안정된 가족으로 변하고

있다고 하였다(Burgess, Thomas, & Locke, 1963).

당시 미국의 가족이 추구한 동반가족(companionship family) 형태는 가족성원들 간의 친밀한 인간관계를 주요기능으로 하며, 애정을 서로 주고받고, 부부의 동등한 권리를 인증하고, 가족회합에서 민주주의적으로 행하고, 아이들에게 발언권과 투표권을 주고, 성원들의 개성을 발전시키고, 표현의 자유를 인증하고, 가족 내에서 최대한의 행복을 추구하는 것이다(Caplow, Chadwick, Bahr, & Hill, 2007).

당시 전환기에 미국사회에서 논의되었던 가족에 대한 그러한 상반되는 시각들을 음미할 때, 오늘날 우리 사회에서 핵가족과 전통가족에 대한 논자들의 긍정적 또는 부정적인 견해와 가치가 상충하는 상황을 연상하게 된다.

| 가족주의 척도

본 연구를 위하여 적용한 가족주의 척도는 그러한 미국 가족이 변천하는 시기에 사용되었다(Bardis, 1969). 미국인들이 그 당시 변해 가는 가족 속에서 전통적 가족주의적 성향을 어느 정도 유지하고 있는가를 조사하기 위해 개발한 도구이다. 본 연구는 이와 똑같은 목적으로 이 척도를 우리의 문화적 맥락에 맞게 수정해서 사용하여 한국인들이 현시점에서 가지는 가족주의적 성향을 조사하였다.

오늘날 우리 사회에서 형성되는 가족도 미국의 동반자가족의 성격을 어느 정도 띠어 가고 있음을 우리는 알 수 있다. 그런데 우리의 새 가족은 이러한 가족의 특성 이외에도 한국 고유의 전통적 가족의 특성을 갖춘 것이 분명하다.

본 연구를 위해서 오래된 척도이기는 하지만 위와 같은 배경을 고려하여 이 Bardis척도를 참고하였다. 이 척도와 함께 이광규, 김태현 최성재, 조흥식, 김규원(1996: 부록)이 한국 가족관계조사에 사용한 설문, 한남제(1985: 178 - 208)의 가족의 안정성과 관한 변수들, 그리고 김한초, 한남제, 최성재, 유인희(1986: 21 - 102)의 가족에 관한 분야별 고찰에서 다루어진 한국 가족의 기능들을 참고로 하였다.

바디스 척도는 16개의 설문들로 이루어졌는데 다음과 같은 항목들에 초점을 두었다.

즉 도움이 필요한 친척을 지원하는 것(미국은 가족성원들을 의미하나 본 연구에서는 3촌과 4촌까지 포함했음), 가족 성원 개인의 욕구와 욕망보다도 가족 전체의 소원을 중요시하는 것, 미성년 자녀가 부모와 형에게 순종하는 것, 직계 가족 외의 친척과 동거하는 것, 의사결정을 가족이 함께하는 것, 가족성원들의 윤리적 및 종교적 신조를 일치시키는 것, 외부의 위협으로부터 가족을 방어하는 것 등이다.

우리의 가족이 처한 문화적 맥락에 알맞게 하려고 이들 16개 항목들 외에 위에 인용한 한국자료를 참고로 해서 가려낸 7가지의 항목들을 보태어 총 23개 항목들로 이루어진 설문을 작성하였다.

새로 만든 7가지 항목들은 한국 가족의 특성을 나타내는 변수들로서 길흉사 때 친척을 부조하는 것, 제사에 참례하는 것, 부모에게 효도하는 것, 부모가 어려운 자녀를 지원하는 것, 부모를 부양할 의무를 수행하는 것, 배우자를 선택할 때 부모의 동의를 얻는 것, 부모의 병간호를 하는 것이다.

23개 항목들에 Likert 5단위 측도를 적용하였다. 바디스 척도의 관련된 항목들을 우리말로 번역하는 과정에서 3명의 연구원이 합동해서 원 설문의 뜻과 번역한 설문의 뜻 사이의 합치하는 정도를 검사해서 일치성이 낮을 때는 다시 번역하여 일치성을 높였다.

〈수정된 가족주의 척도〉

다음은 저자가 위의 항목들을 종합해서 작성한 가족주의 척도이다.(괄호 안은 약어)

[가족주의 척도]

1. 가까운 친척이 어려울 때 언제나 도와주어야 한다.(친척원조)
2. 미성년 자녀는 자신의 소득을 부모에게 바쳐야 한다.(소득받침)
3. 중요한 결정을 내릴 때 가까운 친척들과 의논해야 한다.(친척의논)
4. 미성년 자녀는 형/오빠나 누나/언니에게 순종해야 한다.(兄姉순종)
5. 자신의 욕구보다는 가족의 욕구를 더 중요시해야 한다.(가족욕구)
6. 결혼한 자녀 중 한 자녀는 부모와 함께 살아야 한다.(부모동거)
7. 자신의 안정을 희생하면서까지 가족을 방어해야 한다.(가족방어)
8. 가족은 각 성원의 행동을 통제할 권리를 가져야 한다.(행동통제)
9. 자기 부모가 어려울 때 부양해 드려야 한다.(부모부양1)
10. 가족이 싫어하는 모든 행위를 피해야 한다.(행위조심)

11. 곤경에 처한 친척을 자기 집에 데려와서 살도록 해야 한다. (친척동거)

12. 언제나 가족에게 전적으로 충실해야 한다.(가족충실)

13. 가족은 정치, 윤리 및 종교에 관해 같은 신념을 지녀야 한다.(동일신념)

14. 미성년 자녀는 부모에게 순종해야 한다.(부모 순종)

15. 필요할 때는 자기 동생들을 부양하는 부모를 도와야 한다.(부모협조)

16. 부모가 어려운 처지에 있으면 자녀 집에서 부양해야 한다.(부모부양2)

17. 친척의 관혼상제에 인적 및 물적으로 부조해야 한다.(길흉사 부조)

18. 자녀는 조부모의 제사/추도식에 반드시 참여해야 한다.(제사 참례)

19. 자녀는 부모를 공경하고 기쁘게 해 드려 효도를 해야 한다. (부모효도)

20. 부모는 자녀가 곤경에 처했을 때 지원해야 한다.(자녀지원)

21. 자녀는 애정에 관계없이 자기 부모를 도울 의무를 갖는다.(부양의무)

22. 자기 배우자를 선택할 때에 부모의 허락을 받아야 한다.(배우자선택)

23. 병환인 부모를 임종 때까지 병간을 해야 한다.(부모병간)

이상의 23개 항목들 이외에 개방식 질문으로서 "여러분의 가족에 관하여 위의 항목들 이외에 말씀할 것이 있으시면 무엇이든 생각나는 대로 기록해 주시기를 바랍니다."를 부가하였다. 그리고는 응답자의 성별, 연령, 교육, 종교, 직업을 비롯한 인구학적 항목들에 관한 설문을 포함했다. 조사결과 이들 23개 항목의 설문에 관한 자료의 신뢰도는 높은 것으로 시사되었다(Cronbach alpha = 82.5).

| 조사방법

위의 가족주의 척도의 각 항목에 Likert 척도를 적용하여 설문을 작성해서 예비검사를 30명의 성인남녀를 대상으로 벌여 사용 가능함을 확인하였다. 측도는 5단위로서 다음과 같다: 5 = 매우 찬성한다, 4 = 그대로 찬성하는 편이다, 3 = 찬성도 반대도 않는다, 2 = 별로 찬성치 않는다, 1 = 전혀 찬성치 않는다.

연구표본은 도시와 농촌의 두 지역에서 추출되었는데 도시표본은 서울지역에서, 농촌의 것은 제주도를 제외한 전국 도에서 각각 입수하였다. 먼저 도시표본은 서울시와 변두리에 있는 종합대학들 가운데서 무작위로 3개를 선정하고(연세대, 숭실대, 서울신학대), 각 대학에서 3학년 및 4학년 재학생들 100명 정도를 무작위로 선발하여 총 303명에게 설문에 응답도록 하였다. 일반인들은 서울시 내 22개 구에서 3개 구를 무작위 선정하고(서대문구, 영등포구, 성북구), 각 구에서 아파트밀집지역을 1개소 선정하여 각 소에서 30세 이상의 남녀 100명에게 질문서에 응답하도록 했다. 응답자를 선정하는 데 있어 각 지역에서 10개 아파트 동을 무작위 선정하여 각 동에 조사원을 1명씩 배정해서 남녀별, 연령별로 균등히 10명의 응답자를 골라 응답하도록 했다. 3개 구에서 총 312명으로부터 자료를 수집하였다. 도시에서 모두 615명으로부터 자료를 얻었다. 농촌표본은 제주도를 제외한 8개 도에서 면 2개씩을 선정하였다. 총 16개면을 선정해서 각 면당 30세 이상인 50명의 성인을 추출하여 모두 778명으로부터 응답을 받았다. 도시와 농촌에서 총 1,393명으로부터 23개 항목과 사회인구학적 속성들에 대한 자료를 얻었다.

| 조사결과

1) 응답자들의 가족주의적 성향

1,393명의 응답에 기초한 가족주의 측도에 대한 평균치와 찬성 및 반대를 분석한 결과는 표 1이 보여 주는 바와 같다. 23개 지표 중 18개에 대해서는 찬성한 정도가 높고 찬성을 한 빈도도 50% 이상이며 나머지 5개 지표에 대해서는 찬성 정도가 낮고 찬성 빈도도 50% 이하로 나타났다.

평균치가 가장 높이 나타난 항목은 인상 깊게도 '부모에 대한 효도'이다(4.51: 5 = 매우 찬성…… 1 = 매우 불찬성)(표 1). 찬성한 응답자들의 비율도 이 항목이 제일 높았다 (95.5%). 부모효도 다음으로 높게 찬성한 항목은 부모가 편치 않을 때 간호하는 일이다(부모

병간). 이 항목에도 역시 높은 비율의 응답자들이 찬성하였다. 다음으로 어려운 형편에 있는 부모를 부양하는 것, 형제를 양육하는 부모에게 협조하는 것, 부모/시부모와 동거하며 부양하는 것, 길흉사에 친척을 지원하는 것, 조상제사에 참여하는 것의 순서로 나타났다. 이들 항목은 종합해서 부모를 공경하고 조상을 숭배하는 바로 '효'를 의미한다. 이들 7가지 지표들은 찬성하는 정도가 4.51에서 4.00 안의 범위에 속했는데 그중 부모효도 지표는 '매우 찬성'에 가깝고 나머지 6가지 지표는 '대체로 찬성'하는 평을 받은 셈이다. 즉 찬성 정도의 평균 크기에 기초한 등위에 따르면, (1) 부모에 대한 효도(찬성정도: 4.51; 지적비율: 95.5%), (2) 부모의 병간(4.37; 91.7%); (3) 시부모부양(4.31; 90.0%); (4) 형제를 양육하는 부모지원(4.26; 91.7%), (5) 부모를 부양하는 일(4.09; 82.9%), (6) 길흉사에 친척지원(4.02; 80.8%) 및 (7) 제사 참여(4.00; 77.8%)의 순이다. 이들 7개 항목은 곧 생존해 있는 부모와 돌아간 부모에 대한 효도를 의미하는 것들이다.

현대 한국인들이 효를 표상하는 이들 지표를 가장 중요하다고 판정하였다는 사실은 매우 인상적이며, 그들의 전통적인 가족주의적 성향과 가족을 중심으로 하는 효에 대한 이념을 명백히 증명하는 것으로 본다. 이들 지표의 찬성 정도에 따른 순위를 보면 다음과 같다.

1. 부모에게 효도함(4.51)
2. 와병 중인 부모를 간호함(4.37)
3. 부모가 어려울 때 부양함(4.31)
4. 형제를 부양하는 부모를 지원함(4.26)

5. 부모와 동거하며 부양함(4.09)

6. 친척의 길흉사에 부조함(4.02)

7. 조상제사에 참여함(4.00)

위의 7개 항목보다는 낮으나 대체로 찬성하는 평가받은 지표들을 평균치의 크기에 따라 열거하면 다음과 같다. 즉 (8) 곤궁한 친척지원(찬성 정도: 3.98; 지적비율: 80.3%), (9) 위험으로부터 가족방어(3.96; 76.5%), (10) 부모의 자녀지원(3.93; 76.6%), (11) 부모부양의무(3.88; 71.3%), (12) 배우자선택에 대한 부모 허락받음(3.83; 76.6%), (13) 가족에 충실(3.83; 70.6%), (14) 부모와 동거하며 부양(3.83; 70.0%), (15) 가족욕구 중시(3.71; 66.6%), (16) 가족행동 통제(3.64; 66.3%), (17) 싫어하는 행위 조심(3.62; 61.8%) 및 (18) 부모에 순종(3.56; 60.8%)이다.

이들을 다시 분류해 보면, 부모에 대한 자녀의 의무에 관한 것이 4가지(부모부양의무, 배우자 선택 허락받음, 부모동거부양, 부모에게 순종)이며, 전체 가족에 대한 의무를 규정하는 지표들이 5가지(가족방어, 가족 충실, 가족욕구중시, 가족행동통제, 행위조심)이고, 나머지는 친척 원조와 부모의 자녀지원의 두 가지이다. 그런데 찬성 정도와 찬성빈도의 크기를 보면, 역시 부모에 대한 항목들이 높은 등위를 차지하며, 그다음으로 가족에 대한 것들이 따랐다.

8. 어려운 친척을 동거시켜 지원함(3.98)

9. 위험으로부터 가족을 방어함(3.96)

10. 부모는 어려운 자녀를 지원함(3.93)

11. 애정에 관계없이 부모부양 의무를 가짐(3.88)

12. 배우자 선택 시 부모허락을 받음(3.83)

13. 가족에게 전적으로 충실함(3.83)

14. 부모와 동거하며 부양함(3.83)

15. 가족욕구를 중요시함(3.71)

16. 가족성원들의 행동을 통제함(3.64)

17. 가족이 싫어하는 행위를 아니함(3.62)

18. 부모에게 순종함(3.56)

끝으로 찬성 정도가 가장 낮은 항목들은 형·누이에 대한 순종, 어려운 친척과 동거, 중요한 일에 친척과 의논, 부모에게 소득 바침 및 가족성원들의 같은 신념의 5가지이다. 이 항목들은 형제·자매와 친척에 대한 의무를 가리키는 지표들이다. 부모와 가족 전체보다는 그 중요성을 낮게 보았으나 역시 약 반에 가까운 응답자들이 그러한 의무의 중요성을 인증하였다. 그런데 가족성원들이 같은 윤리적 및 종교적 신념을 지니는 데 대해서는 응답자 중 불과 41%만이 찬성하였는데, 이를 현대 한국인들이 개인중심적인 사고방식을 가졌음을 반영하는 것으로 보아야 할는지 또는 이러한 가치적 차원이 가족에 대한 개개 성원들의 의무와는 다른 차원의 것이라고 보았기 때문에 그런지 독자들의 현명한 판단이 있어야 한다.

19. 형과 누이에게 순종함(3.37)

20. 어려운 친척을 동거시켜 지원함(3.37)

22. 중요한 결정을 내릴 때 친척과 의논함(3.31)

21. 미성년자녀의 소득을 부모에게 바침(3.19)

23. 가족원들이 같은 윤리적 및 종교적 신념을 지님(3.11)

표 3. 한국인들의 가족에 대한 태도

	변 수	찬성정도[a] (표준편차)	찬성지적[b] 빈도 (%)
1	부모효도	** 4.51 (.59)	95.5
2	부모병간	** 4.37 (.68)	91.7
3	부모부양 1	** 4.31 (.73)	90.0
4	부모협조	** 4.26 (.66)	91.7
5	부모부양 2	** 4.09 (.80)	82.9
6	길흉사부조	** 4.02 (.79)	80.8
7	제사참여	** 4.00 (.87)	77.8
8	친척원조	* 3.98 (.79)	80.3
9	가족방어	* 3.96 (.88)	76.5
10	자녀지원	* 3.93 (.86)	76.6
11	부양의무	* 3.88 (.94)	71.3
12	배우자선택	* 3.83 (.91)	76.6
13	가족충실	* 3.83 (.89)	70.6
14	부모동거	* 3.83 (1.06)	70.0
15	가족욕구	* 3.71 (.94)	66.6
16	가족통제	* 3.64 (.94)	66.3
17	행위조심	* 3.62 (.99)	61.8
18	부모순종	* 3.56 (1.05)	60.8
19	兄姉순종	3.37 (1.11)	49.4
20	친척동거	3.37 (.90)	48.0
21	친척의논	3.31 (.98)	46.1
22	소득바침	3.19 (1.09)	47.4
23	동일신념	3.11 (1.17)	41.0

N = 1,393
등위 = 평균치의 크기에 기초한 것임.
(a) 찬성정도평균 = 5단위측도(1 = 매우 반대……5 = 매우 찬성)에 기초함.
(b) 찬성빈도(%) = 매우 찬선 + 대체로 찬성

위의 결과를 풀이하면 대략 다음과 같은 내용이 되겠다.

한국인들의 부모부양에 대한 관심과 의지가 크다는 점이 이 자료에서 일관성 있게 시사되었다. 가장 높은 평균점수(4.51～4.00)와 지적 빈도를 얻은(95.5%～77.8%) 7개 항목들 중 다섯 가지가 모두

'부모부양'과 관련된 항목들이다.

　이 중에서도 가장 높은 찬성 정도와 지적 빈도를 얻은 항목이 부모에 대한 효도이다. 나머지 2개는 조상제사와 친척 길흉사에 관한 것인데, 조상제사에 참여하는 것과 친척의 길흉사에 부조하는 것도 역시 부모를 중심으로 가족의 영속을 꾀하고 어른을 가족을 중심으로 상호 부조하는 의지를 표시하는 것이다. 조상에게 제사를 올리는 것은 곧 효를 의미한다. 응답자들의 가족주의적 성향의 첫째가는 표현이 이와 같이 부모에 대한 효도와 부모에 대한 지원에 관한 것임은 참으로 인상적이다.

　다음으로 비교적 높은 찬성 정도(3.98～3.56)와 비교적 많은 찬성률(80.3%～60.8%)을 가진 11개 항목도 응답자들 대다수의 가족, 친척에 대한 태도를 지적하는 것이다. 이들 항목 중에도 세 가지가 부모에 관한 것인데, '애정에 관계없이 부모를 부양함', '부모와 동거하며 부양함' 및 '부모에게 순종함'에 대해서는 찬성하는 정도가 역시 다른 항목들보다 더 높았다. 그런데 '외부의 위험으로부터 가족을 방어함', '가족성원들의 행동을 통제함' 및 '가족이 싫어하는 행동을 삼감'은 가족주의적 태도를 표시하는 항목들인데 이에 대한 찬성률은 높지는 않으나 대체로 찬성함에 가깝다. 끝으로 '같은 신념', '소득을 바침,' '친척과의 의논', '형/누이에 대한 순종' 및 '친척을 동거시켜 지원'의 5개 항목에 대해서는 별로 중요하다고 보지 않았다.

　이 결과는 현대 한국인들이 부모부양의지 또는 효행의지를 중요시하고 있다는 점을 분명히 시사한 것이다. 가족주의적 성향은 부모 중심으로 가족을 의식하는 것이며, 부모를 보호 부양하는 의지나 의무감이 그 성향의 밑바탕이 되는 것으로 본다.

2) 응답자의 속성과 가족주의적 태도

다음에 응답자의 개인적 속성과 가족주의적 성향과의 관련성을 살펴보고자 한다.

(1) 거주지: 지방거주와 도시거주자의 대조되는 두 개 집단들의 가족태도의 평균치에 기초한 t검증을 한 결과, 통계적으로 유의한 차이가 시사된(p<.05) 항목들은 23개 항목 중에서 6개에 불과하다. 6개 항목인 가족욕구, 시부모부양, 같은 신념, 부모에 대한 협조, 친척 길흉사 부조, 배우자 선택 때 부모허가에 대해서 지방거주자가 도시거주자보다 더 중요시하는 경향이 있었다.

그러나 총괄해서 지방거주자가 도시거주자보다도 가족주의적 성향이 더 높다는 점이 증명되지 않았다. 이 분석에서 분명히 알게 된 사실은 지역 차에 상관없이 응답자들이 부모부양과 관련된 부모효도, 부모 병간, 부모동거부양 등 항목들에 대해서 높이 찬성한 것인데, 이는 지방 사람이나 도시 사람이나 부모부양에 대해서 공통으로 긍정적인 성향이 있음을 시사한다.

(2) 성별: 23개 항목 중에서 성별에 따라 차이가 없는 항목들은 친척원조, 소득 바침, 가족통제, 부모 순종, 부모효도, 자녀지원, 부모 병간의 7가지이다. 이 7개 항목에서 남자가 여자보다 근소하게 더 중요시한 것으로 나타났다. 배우자 선택, 시부모동거부양, 같은 신념의 3개 항목은 여자가 더 중요시했다. 전체적으로 남자가 여자보다도 현저히 더 가족주의적 성향이 있음이 시사되었다. 그런데 여성이 배우자 선택에서 부모 허락을 받아야 함, 시부모부양, 가족성원들이 동일한 신념을 지녀야 함을 각각 더 중요시한 점은 결코

여성이 가족주의적이 아니라고 할 수 없음을 시사한다. 그런데 남녀가 커다란 차이가 없이 부모효도, 부모 병간, 부모순종, 소득 바침 등 부모부양과 관련된 항목들을 높게 찬성한 점은 인상적이다.

(3) 연령: 23개 항목 중 5개를 제외한 18개 항목에서 연령에 따른 차이가 통계적으로 유의한 선에서 나타났다. 그런데 친척원조, 시부모부양, 친척동거지원, 부모효도 및 부모 병간의 5개 항목에서는 연령에 따른 차이가 없이 모두 중요하거나 중요함에 가까운 평을 했다. 나머지 항목들에서 일관성 있게 연령이 높을수록 가족주의적 태도가 높았으며 반대로 연령이 낮을수록 낮았다. 따라서 가족태도를 식별하는 데 있어 연령은 매우 중요하다. 연령과 대조해서 가족태도 항목들을 변량 분석(ANOVA)하였다. 분석결과 19개 항목에서 연령집단들 사이에 통계적으로 유의한 차이가 있었다. 즉 연령이 높음에 따라 일관성 있게 더 가족주의적 성향이 나타났다. 그러나 부모부양과 관련된 부모효도 등 5개 항목에 대해서는 연령에 차이에 상관없이 모두가 찬성하였다.

(4) 교육 정도: 부모부양과 관련된 항목들에 대해서는 교육의 고하를 막론하고 모두가 찬성한 점은 한국인들의 부모부양에 대한 공통적인 성향을 시사하는 것이다.

(5) 생활 정도: 생활 정도에 따라 가족에 대한 태도가 다를 수 있을 것으로 예측했으나, 23개 항목 중 오직 행위조심과 부모부양에서만 차이가 있었다. 생활 정도가 높음에 따라 부모효도, 행위조심, 부모지원에 대해서 약간 더 찬성하는 경향이 있다.

(6) 출생순위: 출생순위, 즉 장남, 차남 또는 3남에 따라 가족태도가 다를 수 있지 않을까 의문시했으나, 분석결과 대부분의 항목

에서 차이가 없음이 시사되었다.

끝으로 23개 항목의 평점을 기초로 요인분석을 하여 '가족 중시 태도', '부모중시 태도' 및 '친척중시 태도'의 세 가지 차원을 식별하였다.

| 논 의

한국인의 가족주의적 성향에 대한 논의는 이미 논자들에 의해서 거론되었다(신용하, 2004; 최재석, 1994; 이광규, 1990; 김한초, 한남재, 최성재, 유인희, 1986' Hill & Koenig, 1970). 다만 본 조사와 같이 그러한 성향을 부모부양에 초점을 두고 경험적인 자료를 바탕으로 한 연구가 드물었다.

이 조사에서 일관성 있게 나타난 결과는 부모효도를 비롯한 부모를 중시하는 항목들에 대해서는 연령, 교육, 출신지역, 동거자 수, 생활 정도 및 출생순위에 상관없이 대다수 응답자가 높게 찬성하였다는 사실이다. 이러한 결과는 현대 한국인의 가족을 중심으로 한 부모부양에 대한 태도를 예증하는 것이다. 미국가족에서 찾아볼 수 없는 한국 가족의 독특한 성향을 반영하는 자료라고 본다.

그동안 시계열적으로 이러한 조사가 진행이 되었다면 10년 전, 20년 전, 30년 전······ 으로 소급하여 한국인의 가족주의적 성향을 지금의 자료와 비교해 볼 수 있는데 불행이도 그런 연구 자료가 없다. 오늘날의 가족주의적 성향은 과거에 비교하여 그 강도가 낮을

수 있다.

그러나 본 조사에서 얻은 자료는 가족욕구를 중요시하고, 형과 누이에게 순종하고, 특히 배우자를 선택하는 데 부모 허락을 받겠다는 태도는 한국인들의 가족지향적 성향을 분명히 나타내고 있다. 특히 총 응답자들의 77%가 결혼 때 부모 허락을 받는 데 찬성한 점은 놀라운 사실이다. 물론 배우자 선택에서 부모가 결정하고 난 뒤에 자녀가 동의한다든지, 자녀가 결정한 뒤에 부모가 동의하는 방법이 아름다운 가족적 의사결정이라고 보는 시각이 있다(최재석, 1994).

그리고 친척을 중시하는 태도가 일관성 있게 나타났다. 이 또한 가족주의적 성향을 지적하는 것이다(이광규, 1990; 김한초 외, 1986). 친척은 오늘날 핵가족들로 이루어진 사회적 지원망을 형성하는 상호부조 체계를 이룬다는 점에서 중요하다.

친척을 중요시하는 한 가지 이유는 이 혈연으로 엉켜진 사람들이 서로 돕고 서로 보호하는 공동체를 이루기 때문으로 보고 있다(신용하, 2004; 이광규, 1990). 이 관행은 사회복지적 견지에서 매우 중요한 것으로 앞으로 이러한 가족주의적 관행이 이웃과 공동사회로 연장되어 그 폭을 넓힐 수 있도록 유도할 필요가 있다.

본 조사는 현대 한국인들의 가치 속에 가족주의적 성향이 깊이 뿌리 박혀 있으며 특히 부모를 부양하려는 의지, 즉 효의 의지가 이러한 성향의 바탕이 되고 있음을 알려 주고 있다.

오늘날 전통문화와 산업화가 요청하는 물질적이고 개인주의적이며 합리주의적인 생활체제 사이의 부조화나 갈등으로 우리는 가치관의 혼란을 경험하고 있다. 이러한 상황에서 물질주의 – 개인주의

－합리주의 가치관을 억제 또는 흡수하면서 우리 문화의 인간적 가치를 숭앙하는 윤리질서를 보다 발전적으로 재정립할 필요가 있다.

그러하려면 오랜 세월 동안 우리 문화의 바탕을 이루어 온 부모 부양이념인 효를 재조명해서 누구나 평범한 생활 속에서 행할 수 있는 효를 발전적으로 정립하는 작업이 필요하다. 이 장의 연구에서 얻은 자료는 한국인들이 효 이념을 간직하고 있으며 이를 실행하는 데 기본이 되는 가족에 대한 책임과 의무를 인식하고 있음을 보여 주고 있다.

4장

효행의지와 세대 간의 견해차이

젊은 세대가 노인부양에 대해서 어떠한 태도를 보이
며 어느 정도의 가치를 두느냐, 그리고 앞으로
어떠한 방향으로 그 태도와 가치가 바뀌어 나갈 것인가의 문제는 국
가, 사회적으로 매우 중요하다.

인류사회에서는 세대가 바뀜에 따라 새 세대는 변화를 가져온다
(Bengtson, 1989; 한남재, 1997; Sung, 성규탁 & Kim, 김한성, 2003).
새 세대는 전통적인 사회문화적 환경의 영향을 받기는 하지만 새
로운 사회 환경에서 자라나면서 부모세대와 다른 시각과 의식을
갖게 되어 현 사회의 질서를 비판하고 때로는 배척하는 태도와 행
동을 취한다.

한편 부모와 자녀, 즉 구세대와 신세대 간에는 유전학적 및 사회
학적 유사성이 있어 생리적 및 사회적 지속성이 유지된다. 따라서
세대가 달라지고 사회 환경이 변하지만, 구세대의 전통 또는 타성
은 지속하는 것이다(Palmore, 1999; Cohen, 1985).

구세대는 전통을 고수하며 안정된 사회질서를 유지하려는 집단

적 내지 사회적 노력을 한다. 인간사회의 역사는 이러한 지속과 변화가 연쇄되는 과정이라고 볼 수 있다.

따라서 효에 대해서도 세대 간의 관계를 중심으로 사회질서의 지속과 변화와 연계하여 생각해 볼 수 있다.

부모부양의 가치인 효의 전통을 유지하려는 구세대와 새로운 시대에 적응하여 변화를 추구하는 신세대 사이에는 견해차, 갈등 및 충돌이 발생한다(Connidis, 2001; 한남제, 1997). 그리하여 세대를 달리하는 연령집단들(부모 – 자녀; 청소년 – 노·장년) 사이에 지속과 개혁 사이에 형평을 이루어 보려는 노력이 있게 된다(고범서, 1992; Bengtson, 1989).

부모부양에 대한 오늘날 세대의 시각과 가치는 앞으로 노인복지 증진에 커다란 영향을 끼칠 수 있다. 왜냐하면 이들의 시각과 가치관 여하에 따라 앞으로 우리 사회가 노인복지를 위해 투입할 자원의 양과 노인들에게 제공할 서비스의 종류와 질이 달라질 수가 있기 때문이다.

이 장에서는 위와 같은 논의를 참조하여 첫째, 현대 한국인들의 부모를 부양하려는 의지에 대해 연령층별로 분석하고, 둘째, 인접(隣接)세대와 비인접(非隣接)세대 간의 부양의지의 차이를 파악하며, 셋째, 자녀의 사회적 속성에 따른 부모부양 의지의 변화를 조사하고자 한다.

세대들 사이의 부모를 부양하는 태도의 차이를 비교하기 위하여 다음과 같은 점을 분석해 보았다.

첫째, 인접세대와 비인접세대 사이의 부모부양태도의 차이; 둘째, 연령이 높은 세대와 젊은 세대 사이의 부모부양태도의 전통적 또는 보수적 성향; 셋째, 같은 세대에 속하는 사람들 사이에 부모부양태도가 일치하는 정도; 넷째, 개인적 속성에 따라 부양태도가 다른 점이다.

(본 연구에서는 효행 이유를 부모부양의지와 같은 뜻으로 보았다.)

| 조사방법

1) 표본

연령층이 다른 4개의 사회집단을 조사 대상으로 선정하였다. 즉 서울시내에 거주하는 (1) 초등학생, (2) 중·고등학생, (3) 대학생 및 (4) 일반 성인으로부터 자료를 수집하였다. 총 1,818명의 응답자에게 설문지를 배부하여 응답을 얻었으며 이 응답에 기초한 자료를 분석하였다. 초등학생들(362명), 중·고등학생들(430명) 및 대학생들(489명)로부터는 각각의 학교들에서 응답을 얻었으며, 나머지는 서울시내 각 구별로 중산층 성인들을 면접해서 응답을 얻었다.

응답자들(부모를 가진)을 연령에 따라 소년층(18세 또는 이하), 청년층(19 - 29세), 성년층(30 - 39세) 및 장년층(40세 또는 이상)으로 구분하였다. 즉 소년 568명, 청년 706명, 성년 323명 그리고 장년 221명이다. 이와 같이 표본에서 소년 및 청년층의 수가 약 70%를 이루고 있다. 이 표본구성은 본 조사가 젊은 층의 부모부양 태도조사에 관심을 집중한 점을 반영한다.

조사대상자를 선정하는 데 있어 제1단계로 서울시 행정구역인 총 22개 구 중에서 5개 구를 무작위 추출하였고, 제2단계로는 각 구에서 초등학교, 중학교, 고등학교를 1개교씩 무작위 추출하였으며, 초등학교에서는 3학년, 중·고등학교에서는 2학년의 학급 1개를 무작위 선정하여 이들 학급의 재학생들로부터 설문에 대한 응답을 얻었다. 대학생과 일반인은 각 구에서 각각 100~110명씩을 면접해서 설문응답을 얻었다. 대학생들은 대학 캠퍼스 내에서 학생회관, 식당 앞 등 학생들이 다수 모여 있는 곳에서 응답을 받았으며, 일반인들은 주택지역(중산층 아파트단지)에 거주하는 주민들로서 한 가구에서 1명씩 선정해서 응답을 받았는데 다양한 사회적 신분을 가진 성인들이다.

2) 조사도구

부양태도에 관한 설문은 저자의 선행연구에서 식별된 효행 동기 13개 항목으로 이루어졌다. 이들 항목을 포함하여 총 32개 항목으로 구성된 설문은 응답자의 속성에 관한 것 6개 항목과 부양 동기에 관한 것 26개 항목으로 된 것이다. 평균 15분이면 완료할 수 있는 설문으로서 사전검사를 거쳐 초중등학교 학생들이 답변하기 쉬운 내용으로 작성하였다. 조사대상 학급의 담임교사들이 본 연구에 대한 관심이 많아 최대한의 협조를 해 주었다. 40명의 조사자에게는 설문조사에 필요한 대인기법과 대화 방법에 대한 기본지식과 기초훈련을 했고, 사전검사결과에 대한 정보도 제공했다.

핵심적 설문은 "응답자에게 부모를 부양하는 이유 또는 동기로서 다음의 어느 것이 가장 중요하다고 보느냐?"라는 내용이다.

1. 부모를 존경하기 때문에

2. 부모에 대한 책임 때문에

3. 은혜에 보답하려고

4. 부모를 중심으로 가족을 화합하려고

5. 부모를 위해 희생하려고

6. 부모를 동정해서

7. 가족의 영속을 위하여

8. 못 다한 일을 보상하려고

9. 이웃과 화합하려고

10. 종교적 신념에서

11. 가족의 체면을 유지하려고

12. 부모에 대한 애정 때문에

13. 재산을 상속하기 때문에

설문: 보기

다음은 효도를 하는 동기 또는 의도를 적어 본 것입니다.

"사람마다 다르겠지만, 여러분은 다음의 부모를 부양하는 이유 또는 동기를 어느 정도로 중요하다고 보시는지 해당되는 번호(1은 매우 중요함. 5는 전혀 중요치 않음) 하나를 골라서 O표를 해 주십시오."

(보기) '부모를 사랑하기 때문에'

___ 1. 매우 중요하다,   ___ 2. 중요한 편이다,

___ 3. 그저 그렇다,   ___ 4. 별로 중요치 않다,

___ 5. 전혀 중요치 않다

응답자 개개인을 분석단위로 하였기 때문에 부양태도와 가족 단위와의 연관성, 가족 내의 연하세대와 연상세대 간의 차이를 구별해서 탐사하지 못했다.

| 분석결과

자료는 다음의 세 가지 차원에 걸쳐 분석하였다. 즉 (1) 부모부양을 중요시하는 정도, (2) 부양이유의 세대 간 차이, (3) 동일세대 내의 부양이유, (4) 응답자의 속성(연령, 교육, 가족 수 등)에 따른 부양이유의 차이이다.

1) 응답자의 사회적 속성

남성응답자의 수가 많았다(61%). 연령층으로 보면, 소년층(<18세)이 32%, 청년층(19~29세)이 39%, 성년층(30~39세)이 18%, 장년층(40-49세)이 9%, 노년층(>50세)이 3%이다. (본 조사에서는

응답자들의 연령을 10세 간격으로 구분해서 한 세대(20세)보다도 더 세분하여 총 5개 연령집단으로 나누었다. 이렇게 구분된 연령집단을 '연령층'이라고 불렀다. 그런데 노년층은 그 크기가 작아 장년층과 합쳐 4개 연령층으로 축소하였다. 교육정도를 보면, 초등학교가 25%, 중·고등학교가 34%, 대학교가 36%, 대학원이 5%이다. 대다수 응답자들이 29세 이하이며 이들의 다수가 대학졸업 또는 재학 중인 것으로 보아 본 조사에 참여한 응답자들 대다수가 중고등학교 이상의 교육배경을 가졌음을 알 수 있다. 30세 이상의 응답자는 무려 544명(30%)이 된다. 가족의 크기를 보면, 5인 또는 그 이상의 가족이 가장 많으며(56%), 평균가족 수는 4명이다. 이는 당시의 전국 평균 가족 수와 거의 같다. 출신지역별로는 도시출신이 77%로 대다수를 이루어 서울에서 거주하고 있다. 이들 중 농촌출신 23퍼센트는 근년에 서울로 이주해 왔다. 조부모가 생존해 있는 응답자들이 37%이다.

2) 부양이유의 유형 및 중요성 등위

효행이유, 부양이유, 부양동기를 같은 의미가 있는 용어로 사용하였다. 따라서 이들 낱말이 섞여 사용되었다.

3.5 이상의 긍정적인 평을 받은 항목들을 평균치 크기의 순위로 보면 다음과 같다.

(1) 사랑/애정
(2) 은혜

(3) 가족화합

(4) 존경

(5) 책임감

(6) 희생

(7) 보상

(8) 이웃화합

평균치가 3.5 이하인 중요성이 낮게 평가된 항목들은 다음과 같다:

(1) 동정

(2) 종교적 가르침

(3) 가족전통유지

(4) 체면유지

(5) 재산상속

평점(평균)의 크기에 따라 13개 유형의 등위를 보면 표 4와 같다.

표 **4**. 부양이유에 대한 중요성 평점: 평균 및 등위

부양 이유	평점기초			빈도기초		종합 등위
	평균*	S.D.	등위**	% +	등위+ +	
사랑/애정	4.70	(.65)	1	88.2	1	1
은혜보답	4.39	(.84)	2	79.6	2	2
가족화합	4.37	(.86)	3	70.2	4	3
부모존경	4.34	(.88)	4	73.9	3	3
책임감	3.84	(1.01)	5	48.5	5	5
희생심	3.72	(1.01)	6	22.6	7	6
보상	3.67	(1.09)	7	43.1	6	6

부양 이유	평점기초			빈도기초		종합 등위
	평균* S.D.		등위**	% +	등위++	
이웃화합	3.54	(1.03)	8	11.5	11	10
동정	2.84	(1.23)	9	13.6	9	9
종교교의	2.84	(1.35)	9	20.4	8	8
가족전통유지	2.81	(1.18)	11	14.0	10	11
가족체면유지	2.23	(1.12)	12	4.5	12	12
제산상속	1.60	(.94)	13	2.4	13	13

N=1,818
* 5단위측도에 기초함(1=전혀 중요치 않음……5=가장 중요함).
** 평균치의 크기에 기초한 등위
 + 지적빈도에 기초함.
 ++ 지적빈도의 크기에 기초한 등위

3) 인접연령층 및 비인접연령층과 부양의지

인접세대(연령상으로 제일 가까운 세대)들 간의 부양이유의 차이를 조사하기 위해 3개 짝들(소년 – 청년, 청년 – 중년, 중년 – 장년)에 대한 13개 이유의 평균에 대한 t검증을 했다. '소년층과 청년층'의 두 집단 간에는 모든 부양이유에 걸쳐 평점에서 통계적으로 유의한 차이가 있다. '청년층과 중년층' 간에도 역시 유의한 차이가 있다. 그러나 '중년층과 장년층' 간에는 유의한 차이가 없다.

표 5. 비인접연령층들 간의 부양이유평점 차이

[소년층 : 중년층]

	N	평균	S.D.	
소년	548	2.68	.42	
중년	330	2.41	.43	
F	2 – tail. p		pooled variance est.	
1.07	.459	t	DF	2 – t. p
		8.87	876	.0001

[청년층: 장년층]

	N	평균	S.D.	
청년	719	2.56	.42	
장년	225	2.38	.44	
F	2 – tail. p		pooled variance est.	
1.10	.378	t	DF	2 – t. p
		5.53	942	.0001

[소년층: 장년층]

	N	평균	S.D.	
소년	548	2.68	.42	
장년	225	2.38	.44	
F	2 – tail. p		pooled variance est.	
1.10	.400	t	DF	2 – t. p
		8.85	771	.001

이상과 같이 연령이 낮은 사람들이 부양이유를 덜 중요시하고 높은 사람들이 이를 더 중요시하였다. 소년층과 장년층의 차이는 예상했듯이 가장 컸다. 연령차가 많을수록 부양이유를 중요시하는 정도가 단계적으로 더 높았으며, 세대가 인접할수록 그 차이가 역시 단계적으로 더 적었다.

4) 사회적 특성과 효행의지

응답자들의 사회적 특성(성별, 연령, 교육 정도, 가족 수, 출생지 및 조부모 유무)에 대하여 효행의지(13개 유형)를 대조해서 변량분석(ANOVA)을 하였다.

남여 성별에 따라 부양이유들의 중요성에 대한 평가가 달랐다. 남성보다 여성이 이들 이유를 더 중요시하였다.

연령에 따라 차이가 있는 것은 애정, 보은, 존경, 책임성, 희생이다. 연상인 자녀가 연하인 자녀보다 이들 항목을 더 중요시했다. 애정은 반대로 연하 층이 더 중요시했다.

교육정도가 높음에 따라 거의 모든 이유를 중요시하는 경향이 있다. 다만 애정은 교육이 낮은 층이 더 중요시했다.

가족 수에서는 가족화합, 존경, 책임, 희생, 이웃화합, 가족체면에서 통계적으로 유의한 차이가 있다. 가족 수가 많은 응답자가 가족 수가 적은 응답자들보다 이들 이유를 더 중요시했다. 이는 대가족의 전통적 가족주의 성향을 시사하는 것으로 본다.

출생지와 조부모 유무에 따른 효행 이유의 중요성의 차이는 없는 것으로 시사되었다.

이상에서 특기할 만한 점은 교육 정도에 따라 모든 효행의지의 중요성이 다르다는 사실이다. 효를 중요시하는 정도가 교육이 높을수록 높아진다는 점이 시사되었다.

| 논의

모든 연령층들에 걸쳐 대다수 부양이유에 대한 중요성이 높이 평가되었다. 즉 부모부양에 관한 이들의 가치와 시각이 놀라운 정도로 전통지속적임을 알려 주고 있다.

사랑을 제외한 모든 부양이유에서 연상층은 연하층보다도 더 전통 유지적 성향을 일관성 있게 나타냈다. 연령이 높아질수록 보수적이고 낮을수록 변화지향적인 경향이 있다. 이러한 성향은 농촌과 도시의 성장지역에 따라 차이가 없었다. 따라서 이는 도시에서 생활하는 젊은 세대만이 가지는 성향이라고 하기는 어렵다.

예상했듯이 가장 연하의 소년층과 가장 연상인 장년층 간의 차이는 가장 컸다. 소년과 중년 사이에 그리고 청년과 장년 사이에도 역시 차이가 있었다. 앞서 지적하였듯이 소년들은 부모들(장년층, 중년층)보다 사랑을 중요시하였으나, 다른 모든 동기에 대해서는 부모들보다 중요성을 낮게 평하였다. 연령차가 많을수록 부양이유를 중요시하는 정도에 차이가 컸으며 세대가 인접할수록 그 차이가 작았다. 이런 세대 간의 틈과 유사성은 예측할 수 있을 정도로 그 변화의 패턴에 일관성이 있었다.

연령이 높고 성숙한 응답자는 사랑에 중요성을 두지는 않았으나, 부모에게 은혜를 갚고, 부모를 존경하고, 부모의 안녕에 대해 책임을 갖고, 부모를 위해 자기의 시간과 자원을 바치고, 연로한 부모를 딱하게 여기고, 가족의 체면을 유지하며 부모를 부양하겠다는 이유에서 청소년들보다도 더 크게 나타났다.

한편 연령에 따라 차이가 작거나 거의 없는 동기들은 가족화합, 보상, 이웃화합, 종교 교의, 가족영속 및 재산상속이다. 이 자료는 연령의 높고 낮음에 상관없이 응답자들은 부모를 중심으로 화합된 가족을 이루려고, 지금까지 이룩하지 못한 일을 부모부양을 함으로써 성취하려고, 종교적인 가르침에 따라서, 그리고 부모를 중심으로 가족이 영원히 유지되기를 원한 것으로 시사되었다. 부모의 재산을 상속하기 때문에 부모부양을 한다는 동기는 극히 낮은 평점이 나와서 그 중요성이 거의 없다.

응답자들의 속성에 따라 부모 부양이유의 중요성 정도에 차이가 엿보였다. 교육정도가 높을수록 거의 모든 효행 이유에 대해 더 많은 중요성을 주어 부모부양에 대해서 긍정적이고 전통적인 성향을 나타냈다. 연령이 높아짐에 따라서도 이러한 추세가 나타났다. 이 자료는 사람들의 교육 정도와 연령에 따라 부모부양에 대한 시각과 행동이 다르다는 점을 시사한다. 교육 다음으로 부양이유의 중요성에 비교적 많은 차이를 내는 속성은 가족 수이다. 가족 수가 많은 응답자들이 가족화합을 위해, 부모를 존경하여, 부모에 대한 책임 때문에, 부모를 위해 희생하려고, 이웃화합을 위해 그리고 가족체면을 위해 부모부양을 한다는 점을 가족 수가 적은 응답자들보다 더 강조하였다. 대가족에 속하는 사람들이 전통적 가족주의적인 성향을 가지고 있음을 시사한다.

애정의 경우는 예외적이어서 연령이 낮은 층이 '부모를 사랑하기 때문에 부양함'을 더 중요시하고, 연령이 높은 세대는 이를 덜 중요시하는 경향이었다. 그런데 사랑의 경우 최고치(소년의)와 최저치(장년의) 간의 차이가 매우 작았다. 따라서 모든 연령층이 부모에 대한 애정을 중요시한 것으로 볼 수 있다. 외국의 연구에서도 부모에 대한 애정은 세대 간에 차이가 매우 적고 획일적으로 높게 나타났다.

이상의 결과는 한국 사회에서 세대가 달라지고 사회 환경이 변하지만, 부모부양 이념과 관행은 지속, 유지되고 있음을 알려 주고 있다. 즉 전통의 타성은 지속되고 있는 것이다. 노인에 대한 긍정적인 태도가 감퇴되었다는 우려가 있으나 본 조사의 결과는 우리에게 안도의 감을 갖게 한다. 효의 이념 및 관행의 퇴조는 노인복지적 관점에서 심각한 문제가 되겠으나, 전통이 미치는 강력한 영향이 아직도 존속하며 그동안 우리 사회에서 전통을 유지, 존속시키려는 사회적 노력이 어느 정도로 주효하고 있음을 보여 주는 것 같다.

사회가 변동함에 따라 새 세대는 변화하는 사회 환경에 적응하여 전통적 이념과 관행에 저항하고 구세대는 이러한 이념과 관행을 유지하려는 노력을 한다. 이와 같이 오늘날 우리사회에서는 부모부양에 대한 이념과 관행을 지속해 나아가고 한편으로는 변화시키려는 움직임이 연쇄적으로 일어나고 있다. 사실 지속과 변화가 이렇게 연쇄되는 과정이 인류의 역사이긴 하지만 이 과정에 슬기롭게 적응해 나아가는 일은 쉽지 않다.

사회적으로 힘과 자원을 소지하는 구세대는 전통을 고수하며 안정된 사회질서를 유지, 지속하려는 사회적 노력을 계속한다. 변화에 저항하는 것이다.

본 연구의 결과는 급격한 산업화로 한국사회가 변모하고 있어 효의 이념과 관행이 무산되고 있다는 비판은 합당치 못함을 알려 주고 있다. 응답자들의 대다수가 부모부양이념의 매우 중요한 차원인 사랑, 책임, 보은, 희생, 존경을 모두 중요하다고 지적한 것이다.

연령층 간의 가치지향성의 차이는 사회변동을 반영할 수 있다. 본 연구에 포함된 소년층은 급속한 산업화와 도시화가 진행되던 1980년대에 출생한 어린 세대로서 1950년대와 1960년대에 출생한 나이가 든 연령층들과는 부모부양에 대한 가치에 차이가 있었다. 물론 이 어린 세대도 부모슬하에서 양육되는 과정에서 부모세대가 가진 가치를 상당한 정도로 이어받았을 것으로 짐작된다.

청소년층이 사랑 동기를 중요시한 점은 의미심장하다. 부모에 대한 사랑과 애정을 정직하고 솔직하게 표현한 자료가 한국 문화적 맥락에서 드물다. 이는 오늘의 변화에 따른 표현의 자유와 부모-자녀 간의 비권위적 관계의 발전을 반영하며, 새로운 시대적 흐름이 가져온 하나의 중요한 변화라고 볼 수 있다.

나이가 많은 연령층이 가진 가치와 신조는 전통문화를 반영한다. 그런데 전통문화는 서서히 변화 또는 수정되고 있는 것이다. 이와 대조해서 연하층은 새로이 등장하는 사회를 반영한다. 그래서 연하층에서는 연상층보다도 자유주의적, 개방적, 개혁적인 가치성향이 더 현저하다.

앞서 언급하였듯이 연하층과 연상층 간의 가치지향성의 차이는 사회변동으로 말미암아 생기는 피치 못할 현상이다. 그리고 이탈주의 이론가들은 젊은 층과 연령이 높은 층은 사회관계를 단절하게 되며, 이 현상은 인간의 노화과정에서 나타나는 정상적인 과정이라고 보고 있다. 본 조사에서 얻은 자료를 음미해 보면 이런 견해는 사회변천이론보다 설득력이 약한 것으로 보인다.

이 조사에서 나타난 바와 같은 일련의 변화에 대비하여 가족의 노인부양 기능을 보완하기 위한 가족 바깥의 공공 노인복지 프로그램을 개발하는 데 박차를 가해야 하겠다.

5장

노부모가
필요로 하는 도움

고령자들이 필요로 하는 도움은 하나의 측면에서만 파악할 수 없다. UN이 주최한 "노년을 위한 세계대회"에서 고령자문제를 첫째, 노인의 인간적 문제로 건강과 영양, 주택과 환경, 사회복지, 소득보장, 사회적응 교육 및 가족관계에 관련된 문제들과, 둘째, 산업화와 도시화에 따른 사회경제적 변화 등과 관련된 문제들로 규정하고 있다. 이들 문제는 상호 연관되어 있다.

현대사회의 효는 변하는 가족, 이웃, 사회에서 고령자들이 필요로 하는 다양하고 복합적인 도움을 제공하는 방향으로 실천되어야 한다는 시각에서 본 조사를 진행하였다.

본 조사는 90년대 말에 완료된 규모가 큰 조사로서 고령자들의 니드를 다차원적으로 분석한 드문 자료를 제공하였다.

| 노부모의 안녕

본 연구에서는 고령자의 안녕(well – being)을 '사회적 안녕', '심리적 안녕' 및 '신체적 안녕'의 3차원들로 구분하였다. 이들 세 가지 차원의 안녕 상태에 대한 노부모들의 주관적 판단에 따라 욕구 또는 충족되지 못한 사항들을 알아보았다. 그러나 이들 차원은 개념상으로는 구분될 수 있지만, 실제로는 서로 중첩, 연관되어 있다. 노부모들의 다양한 문제를 다각적으로 요약하여 다루는 체계적 틀을 제시한 연구가 드물다. 위의 다(多)차원적인 안녕의 틀은 이러한 제한점을 보완할 수 있다고 본다.

본 조사에서는 '고령기'에 접어든 노부모들을 대상으로 하였다. 그런데 노화과정은 측정하기가 매우 어려우며 개인에 따라 노화과정이 달라서 노인의 기준을 일반화하기도 어렵다. 노화의 개인차를 고려하지 않고 역(曆)연령을 기준으로 획일적으로 노인을 규정하는 것은 바람직하지 못하다. 그래서 노화를 생물학적, 심리학적 및 사회학적 차원으로 분리하여 측정하고 나서 객관적인 노인의 기준선을 설정할 수 있다. 생물학적 연령은 노화의 정도(세포, 조직 및 기관의 기능이 저하된 정도), 심리학적 연령은 지적 기능의 저하 정도, 그리고 사회학적 연령은 사회활동에서 은퇴하는 시기 등으로 알아볼 수 있다. 그러나 모든 개개인에 대하여 생물학적, 심리학적 및 사회학적 연령을 측정하기는 어려운 일이다. 이 때문에 부득이 '역연령'이 받아들여지고 있는 것이다.

| 연구방법

서울에 사는 60세 이상의 거택 고령자 450명을 다단계 집락표집 기법을 사용하여 골라서 60명의 조사자가 이분들을 직접 방문하여 면접을 통한 설문지조사방법으로 응답을 구했다.[조사방법 및 조사 결과의 세부사항에 대해서는 저자의 논문(새 시대의 효, 연세대출판부, 제8장)을 참조하기 바란다.]

고령자의 '일반적 특성', '심리적 안녕', '신체적 안녕', 및 '사회적 활동'에 대한 욕구와 '노인복지서비스에 대한 노인들의 인지도'를 파악하였다. 일반적인 기대와 현실과의 차이를 통해 욕구를 추정한 것이다. 각 항목에 따르는 지적 빈도와 백분율을 기초로 욕구의 평균 정도를 파악한 후 각종 통계기법을 사용하여 분석하였다.

| 분석결과

조사대상이 된 노부모들은 60세에서 74세 사이가 전체의 76%를, 75세 이상이 24%를 차지하며, 배우자와 함께 사는 분들이 54%이다. 배우자와 함께 살지 않는 가장 커다란 이유는 사별인데, 사별이라고 응답한 190명 중 여자가 73%의 높은 비율을 차지한다. 교육 정도는 중학교 이하가 전체의 65%로서 그 정도가 낮다. 직업을 가진 노인이 21%이고, 대다수의 노인(73%)이 자녀에게 금전적으로 의존하고 있다. 연금, 저금 및 사회보험으로부터 지원을 받는 노인의 수가 극히 적었다(15%). 주거상황을 보면 83%가 자택 및 자녀의 집에서 살고 있다. 개인별 차이는 있겠으나 대다수의 노부모가 가족지원망 속에서 살고 있어 비교적 적절한 안식처를 가진 것으로 보인다.

1) 노부모들의 사회적 안녕

자녀와의 동거, 경제적 수준, 생활환경 및 주거상태(주택)의 4개 조건이 적절한 수준을 유지하여야만 노부모들이 사회적 안녕을 이룰 수 있다고 보았다.

〈자녀와의 동거〉

노부모들은 감정적 지지, 원조 및 자원 등을 제공해 줄 수 있는 사람들과의 계속적인 연계를 통하여 사회적 지원을 받을 수 있다. 가족, 친척, 친구 및 이웃은 노부모와 가까운 관계를 맺으면서 이분들이 원조가 필요로 할 때 즉시 도움을 제공할 수 있다. 동거자의 수, 동거자와의 관계 및 대화 시간, 가족 및 친척과의 만남의 빈도와 친밀성에 관하여 알아보았다.

노부모들의 63%가 4인 이상, 24%가 2~3명과 동거하며, 동거자 없이 혼자 사는 분은 전체의 13%이다. 전체 노인 중 기혼자녀와 동거하는 분들이 전체의 64%를 차지하는데, 이 중 장남 부부와 동거하는 노인들의 비율이 가장 많으며(43%), 부부끼리만 사는 사례는 전체의 15%이다. 이 자료는 대다수 가족이 부모를 집안에서 봉양하고 있음을 지적한다. 노부모들이 동거자와 대화하는 시간을 보면 하루에 1~3시간 정도 대화한다고 응답한 분들이 전체의 74%를 차지하고 있다. 동거자와의 대화 시간과 가족친밀도와는 거의 상관관계가 없는 것으로 나타났다(r = .047, p = .24). 결혼상태 및 동거자의 수와 가족 및 친척과의 만남 빈도에도 역시 차이가 없음이 시사되었다(X^2 = 5.49, df = 16, p = .952; X^2 = 14.23, df = 16, p = .249).

이상의 결과를 종합하면, 노부모들은 주로 가족 속에서 생활하며 가족 이외의 다른 원조망을 충분히 갖추지 못한 것으로 시사된다. 친척, 이웃, 친구와의 관계를 조사하였으나 가족의 경우와 같이 뚜렷하게 긍정적인 지원관계가 나타나지 않았다. 이러한 상황은 다음 장에서 다루는 사회적 지원망에 관한 연구에서도 발견되었다.

2) 노부모들이 받는 경제적 원조

경제적 형편을 파악하기 위하여, '자녀로부터 도움이 필요한 정도', '비상시에 대비한 자금', '건강유지비', '여가활동비', '음식구입비(간식비 포함)', '주택유지비', 및 '의류구입비'에 대한 응답자의 주관적 대답을 얻었는데, 그 결과는 다음과 같다.

자녀로부터의 도움이 필요한 정도 및 비상금 준비 정도를 노부모들의 성별, 연령, 동거자 수 및 직업의 유무에 따라 살펴보았다.

남자보다 여자가 자녀로부터의 도움을 훨씬 더 많이 필요로 한다(도움필요정도: 남 = 16%, 여 = 66%). 연령이 높아짐에 따라 자녀에게 도움을 요구하는 노인이 많아진다(70세 이하＝36%; 70∼74세＝66%). 58%가 자녀의 도움이 필요하며, 54%가 비상금이 부족하다고 했다. 예측할 수 있듯이 직업을 갖지 않은 노인이 직업을 가진 노인에 비하여 자녀로부터의 도움을 더 필요로 하고 있다(도움 필요 정도: 가진 노인＝40%, 안 가진 노인＝63%). 그러나 동거자의 수에 따른 도움 요구 정도는 유의하지 않은 것으로 시사되며(X^2＝13.42, df＝16, p＝.642), 건강유지비(평균＝3.02, S.D.＝1.03), 여가활동비(평균＝3.02, S.D.＝1.07), 음식구입비(평균＝2.62, S.D.＝.94), 주택유지비(평균＝2.61, S.D.＝1.16), 그리고 의류구입비(평균＝2.70, S.D.＝1.07)는 충분하다고 응답한 노인과 부족하다고 응답한 노인이 거의 비슷한 비율이다.

이상과 같이 노부모들의 주관적 판단을 근거로 경제적 안녕 상태를 조사한 결과 대체로 자녀에게 도움을 요구하는 노인들이 많고 비상금이 부족하다고 느끼는 것으로 미루어 보아 노부모들이 현재의 경제적 상태에 만족하고 있다고는 볼 수 없다. 특히 연령이 높은 여성노인들이 경제적 도움을 많이 필요로 하고 있다.

3) 환경적 상황

주관적 판단을 통하여 노부모들이 생활하는 지역에서 느끼는 안전도(범죄 등의 위험으로부터), 노인들에 대한 젊은이의 태도, 그리고 연령으로 말미암아 받은 부당한 대우에 관하여 다음과 같은 응답을 얻었다.

노부모들 중 18%가 생활환경이 위험하다고 응답하였으나, 대다수 (65%)는 생활환경이 안전하다고 느끼고 있다(평균 = 2.30, S.D. = .99). 젊은이들로부터 존경을 받는 정도에 대해서는 36%가 존경을 받지 못한다고 했다(평균 = 3.00, S.D. = 1.04). '연령으로 인하여(나이가 많다고 해서) 부당한 대우를 받은 경험이 있습니까?'라는 질문에 대하여 23%가 부당한 대우를 받은 경험이 있다고 응답하였다(평균 = 2.51, S.D. = 1.13). 노부모들은 생활환경에 대하여 대체로 만족하고 있으나, 존경을 받고 있다고 응답한 노인과 존경을 받지 못하고 있다고 응답한 노인의 비율이 거의 비슷하게 나타났다. 여자노인보다 남자노인이(여 = 24%, 남 = 44%), 높은 연령층의 노인에 비하여 낮은 연령층의 노인이(높은 연령층 = 33%, 낮은 연령층 = 49%), 그리고 직업을 갖지 않은 노인에 비하여 직업을 가진 노인이(무 = 30%, 유 = 56%) 존경을 받는 정도가 낮다고 느끼고 있다. 이처럼 존경도가 성별, 연령별 및 직업 유무에 따라 차이가 있음은 노인들의 활동과 관계가 있는 것으로 추측된다. 일반적으로 남자는 여자에 비하여, 낮은 연령의 노인이 고령의 노인에 비하여, 직업이 있는 노인이 없는 노인에 비하여 생활현장이 복잡하고 활동범위가 넓은 것이 사실이다. 복잡하고 경쟁적인 환경에서 신진세력과의 대립과 갈등을 경험할 수 있는데 위의 결과가 이러한 어려움을 시사하는 것으로 보인다.

4) 노부모들의 심리적 안녕

심리적 안녕은 매우 다양하고 다차원적이다. 심리적 안녕을 흔히 생활에 대한 만족도를 가지고 추정한다. 생활만족도는 개인의 소망과 전반적 성취 정도를 비교하여 평가하였다. 즉 소망한 바와 달성한 목표가 합치되는 상태이다. 노년학에서는 이러한 생활만족도와 사기가 심리적 안녕을 가리키는 중요한 지표가 된다고 본다. 본 연구에서는 다만 생활에 대한 만족도만을 지표로 사용해서 심리적 만족도를 추정하였다.(이렇게 단일사항으로 심리상태를 파악하는 조사에는 제한점이 있다.)

구체적으로 사용한 질문은, '종합적으로 볼 때 어른께서는 그동안 살아오신 생활에 어느 정도 만족하고 계십니까?'이다. 노인들 중 52%가 생활에 대해 만족하였으며(평균=2.60, S.D.=.89), 8%의 노인만이 만족하고 있지 않았다. 생활만족과 경제상태와 관련된 비상금, 건강유지비, 여가활동비, 의류구입비 사이에 비교적 높은 정적 상관관계가 나타났다. 이러한 결과는 노인들의 경제적 상태에 따라 생활만족을 느끼는 정도가 높아짐을 시사한다.

노인들의 심리적 안녕 상태는 양호한 편이라고 볼 수 있다. 경제적 요인이 심리적 안녕에 상당한 영향을 미치고 있음이 시사되었는데, 이것은 노인들의 경제적 사정을 호전시키는 서비스가 필요함을 지적한다.

5) 노부모들의 신체적 안녕

건강상태는 노인들이 남에게 의존하지 않고 독립적으로 기능을 하는 능력을 나타내는 것이다. 건강이 쇠퇴하면 사회적 활동과 경제적 자원을 획득하는 기회를 잃게 되며 건강보호 및 사회적 서비스를 다른 사람들로부터 받게 된다.

신체적 건강을 측정하는 작업은 매우 복잡하다. 그런데 신체적 건강의 척도로서 (1) 육체적 손상(임상적 증상의 유형 및 내용), (2) 신체적 장애의 정도, (3) 일상적 활동에서 기능적 의존도, (4) 신체적 건강에 대한 주관적 판단, 그리고 (5) 영양상태가 흔히 사용되고 있다.

본 연구에서는 노인들의 자기유지능력(다른 사람에게 의존하지 않는 정도를 나타내는)을 측정하기 위해서 가장 널리 사용하는 방법들인 일상생활활동척도(ADL Scale: 목욕, 식사, 배설 및 거동과 같은 일상적 활동을 수행하는 능력을 측정하는 도구)와 개인의 독립적 생활 유지에 필요한 과업을 수행할 수 있는 능력을 측정하는 일상생활을 위한 방편적 활동지표(IADL)를 사용하였다. 이 지표들 외에도 몇 가지 건강에 관한 질문들을 하여 보조적인 자료를 모았다.

즉 노인들의 신체적 안녕 상태를 측정하기 위하여, ADL척도와 IADL척도에 포함된 일상적 활동에 관한 항목 중에서 중요하다고 인정되는 9개의 항목을 발췌하여 5단위 척도(1 = 혼자 힘으로 함…… 5 = 혼자서는 불가능함)로 조정하여 사용하였다. 아울러 건강상태에 대한 노인들의 주관적 판단 및 영양상태도 조사하였다.

본 조사에 참여한 대다수 노부모는 일상적 활동을 수행하는 데 큰 어려움을 느끼고 있지 않은 것으로 나타났다.

일상적인 활동 변인들과 다른 변인들과의 상관관계를 검증해 보았다. 거의 모든 일상적 활동 변인들 상호 간에 통계적으로 유의한 정적 상관관계가 있다. 특히 '보행'(걸어 다니는 것) 변인은 모든 건강에 관련된 변인들과 상관관계가 있음이 시사되었다. 즉 보행이 자유로운 분들은 여타의 일상적 활동에서도 불편을 느끼지 않을 뿐만 아니라 건강상태도 양호함이 시사되었다. 다음으로 '구매능력'과 '목욕' 변인이 대다수의 변인들과 상관관계가 있다.

신체적 건강상태를 알아보려고 지난 6개월 동안의 병원내왕빈도 및 신병 일수, 건강상태에 대한 주관적 판단을 조사하였다. 병원내왕빈도 및 신병 일수와 주관적 건강과의 연관성을 알아보려고 Chi Square를 검증하였다. 주관적 건강상태에 따라 병원내왕빈도 및 신병일수에 유의적 차이가 있음이 시사되었다. 노인들의 건강상태에 따른 신병 일수를 알아본 결과, 평균이 2.6(1 = 매우 좋다…… 5 = 매우 나쁘다)으로서, 건강상태는 '보통'인 것으로 시사되었다.

좋지 않은 영양 상태는 식품구입비, 식사준비시설 및 영양지식의 부족 등 외적 요인과 체질성 질환, 씹는 것의 어려움, 정신적 장애 등 내적 요인들 때문에 발생한다. 노인들의 영양 상태를 파악하기 위해서 노인들의 식사 정도, 식이요법 여부, 소화상태, 조리상태 등을 조사하였다. 노인들 중 76%가 식사를 잘하는 편이라고 응답하였다. 소화가 잘되는 편이라고 응답한 노인은 69%이다. 또한 "음식의 맛이나 조리 상태에 개선할 점이 있다고 생각하십니까?"라는 질문에 대해서는 38.7%가 필요 없다고 응답하였다(평균 = 2.61, S.D. = .87; 1 = 전혀 필요 없다…… 5 = 매우 필요하다).

노부모들의 사회적 활동에 대한 욕구를 알아보려고 가족과의 외출 빈도, 주말계획, 취미활동 및 직업안내에 대한 필요도를 조사하였다.

1개월 동안에 가족과 함께 외출하는 횟수가 1회 또는 그 이하라고 응답한 노인이 무려 전체 노인의 82%를 차지한다.

주말 계획을 세우는 데 있어서도 대다수의 노인들이(77%) 별로 혹은 전혀 세우지 않는다고 응답하였다. 취미 활동 시간에 대해서는 노인들이 대체로 '그저 그렇다.'라고 느끼고 있음을 알 수 있다(평균 = 3.02, S.D. = .17; 1 = 매우 충분…… 5 = 매우 부족함). 직업 안내의 필요에는 68%의 노인이 필요하다고 응답하였다(평균 = 2.17, S.D. = 1.23; 1 = 매우 필요함…… 5 = 전혀 필요 없음).

끝으로 현존하는 서비스프로그램들에 대해서 노부모들이 어느 정도 알고 있는가를 조사함으로써, 노인들의 사회적 자원의 활용 정도를 알아보고자 하였다. 경로우대증, 노인대학, 경로행사, 양로시설, 노인정 및 건강보험을 제외한 나머지 프로그램에 대해서는 대다수의 노인이 매우 낮은 인지도를 가진 것으로 나타났다.

가족 외출 및 주말계획과 노인들의 일반적 특성들을 비교해 본 결과, 가족 외출 빈도 및 주말계획은 동거자 수에 따라 유의한 차이가 있음이 시사되었다(동거자 수와 가족외출빈도: X^2 = 39.34, df = 16, p = .001: 동거자 수와 주말계획: X^2 = 37.30, df = 16, p = .001). 동거자 수가 더 많은 노인은 가족외출과 주말계획을 세우는 사례도 더 많았다.

표 6. 노부모의 욕구의 순위

(N = 450)

구 분	항 목	순위[a]	평균[b] (S.D.)
	(필요정도)		
사회적 안녕	동거자와의 대화시간	13	3.95 (1.50)*
	가족과의 친밀도	1	2.08 (1.67)
	친척과의 친밀도	1	2.08 (1.67)
	자녀로부터의 도움	4	2.45 (1.29)
	비상금 준비	12	3.54 (1.23)
	건강유지비	9	2.75 (1.03)
	여가활동비	11	3.02 (1.07)
	음식구입비	7	2.62 (.94)
	주택유지비	6	2.61 (1.16)
	의류구입비	8	2.70 (1.07)
	안전도	3	2.30 (.99)
	존경도	10	3.00 (1.04)
	사회적대우	5	2.51 (1.13)
심리적 안녕	(부족정도)		
	생활만족도	2	2.60 (.89)
	행복도	1	2.52 (.85)
	고독감	3	2.76 (1.07)
신체적 안녕	(부족정도)		
	전화이용	9	1.86 (1.32)
	보행	8	1.83 (.94)
	물건구입	6	1.51 (.91)
	약복용	4	1.14 (.47)
	식사	1	1.05 (.24)
	세수 및 갱의	3	1.12 (.48)
	집안일	12	2.29 (1.15)
	목욕	5	1.35 (.75)
	용변	2	1.08 (.39)
	건강상태	13	2.59 (1.01)
	신병일수	7	1.67 (.97)
	식사정도	10	2.13 (.88)
	소화상태	11	2.24 (.97)
	조리상태	14	2.61 (.87)

구 분	항 목	순위[a]	평균[b] (S.D.)
사회활동	(부족정도)		
	가족외출빈도	4	4.22 (1.03)*
	주말계획	3	4.10 (1.00)
	취미활동	2	3.02 (1.17)*
	직업안내	1	2.17 (1.23)*c

a) 각 구분별로 평균치의 크기에 따라 등위를 정했음.
b) 평균: 5단위척도(1 = 가장 바람직함…… 5 = 가장 바람직하지 못함)에 기초함.
c) 직업안내 평균: 5단위 척도(1 = 매우 필요함…… 5 = 전혀 필요없음)에 기초함.
* 바람직하지 못한(필요를 느끼는) 경향을 나타내는 평균임.

| 논의

이상과 같이 노부모들의 사회적, 심리적 및 신체적 안녕의 상태, 사회적 활동의 정도, 그리고 서비스프로그램 인지도에 대한 일련의 분석을 하였는데, 주요 결과를 요약하면 다음과 같다.

노부모들의 사회적 안녕의 상태는 사회적 지원망과 경제적 및 환경적 사정에 따라서 결정되는 경향이 있음이 시사되었다. 즉 이 분들의 필요를 충족하도록 원조하는 사람들이 있는가, 자녀로부터 금전적 지원을 받는가, 그리고 생활환경으로부터 위협을 받는가에 따라 노인의 사회적 안녕이 좌우되는 것으로 시사되었다.

대다수 노부모는 가족 이외의 다른 사회적 지원체계와는 별로 밀접한 관계를 갖지 않은 것으로 보인다. 그러나 상당수 노부모의 경우 가족과의 상호부조 관계가 그다지 깊은 것으로도 보이지 않는다.

어떻든 대다수 노부모는 가족에 전적으로 의지하는 실정이어서 가족으로부터 보호부양을 받고 있다. 그리하여 가족 밖에서 사회적 지원을 받는 정도는 미미한 것으로 보인다. 따라서 이분들이 현대 산업사회에서 생성하는 복합적인 노인의 욕구들을 충족하기 어려운 사정에 처해 있음을 알 수 있다.

노부모들의 경제적 상태는 그저 그런 편이라고 나타났으나 부수적인 비용, 비상금 및 여가활동비가 부족하다고 느끼는 노부모들이 상당히 많이 있다.

즉 대다수의 노부모가 자녀의 도움을 원하고 있다.

하지만 연금, 사보험 및 저축과 같은 사회적 보험 프로그램을 이용하는 분들의 수는 매우 적었다. 이 사실은 노후대책을 위한 사회보험 프로그램의 홍보와 확충의 필요성과 노부모들의 경제적 어려움을 시사해 주는 것이다. 노부모들의 심리적 안녕 상태를 좌우하는 주요인은 생활만족으로 나타났는데 결혼상태, 동거자 수 및 건강상태와 같은 사회적 및 신체적 요건이 생활만족도와 깊은 관련이 있음이 일관성 있게 시사되었다.

심리적 안녕은 대체로 양호한 편이라고 보았다. 심리적 안녕과 경제적 상태 사이에는 비교적 높은 상관관계가 있어 경제적 생활조건이 좋지 않은 노부모들은 심리적 안녕 상태도 좋지 않음이 시사되었다.

대다수 노인은 신체적으로 건강한 편이었고 영양상태 및 일상활동에도 별로 곤란을 느끼지 않았다. 병약한 노인들로부터 자료를 얻기가 어려워 일상 활동을 하는 표현적이고 판단이 분명한 노인들을 대상으로 했기 때문에 건강상태가 비교적 좋은 것으로 추정한다. 보건서비스프로그램(의료보험, 의료보호, 건강진단)에 대한 인지도가 병원내왕빈도 및 신병일 수에 영향을 미치고 있음은 주목할 점이다.

일상 활동에는 가족이 함께하는 외출과 주말계획을 세우는 횟수가 적었으며 노인들은 직업안내서비스를 요구하고 있음이 나타났다. 이러한 자료는 노인들의 사회적 활동에 대한 욕구를 시사해 준다.

프로그램에 대한 인지도를 보면, 비교적 홍보가 잘되어 있고 지역사회 내에서 손쉽게 접근할 수 있는 프로그램인 경로우대증, 노인학교, 양로시설, 노인정 및 건강보험에 대해서는 잘 알고 있으나 이 밖의 프로그램들에 대해서는 많은 분이 알지 못하고 있었다. 이러한 결과는 노인들이 받는 사회적 자원이 부족함과 프로그램에 대한 홍보활동의 필요성을 시사한다.

이상과 같은 노부모들 욕구의 대부분은 산업화 및 도시화로 말미암은 가족의 변화 때문에 발생했거나 증대한 것임을 짐작할 수 있다. 우리가 부딪힌 어려운 문제는 부양기능이 약화하고 있는 가족에게 아직도 많은 노인들이 전적으로 의존하면서 그러한 벅찬 욕구가 충족되기를 기대하고 있다는 사실이다.

| 제언

현대 도시거주 노인들이 여러 가지의 커다란 욕구가 있음이 드러났다. 이와 같은 욕구는 곧 현대 소형(小型) 핵가족들이 노부모에게 제공해야 할 서비스, 즉 도움의 유형이 많고 다양함을 의미한다.

본 조사에서는 다수의 노부모는 다른 사람들과의 우정 및 사랑에 대한 욕구를 소원대로 충족하지 못했고 가족 및 친척과 같은 비공식적 원조의 출처를 제대로 갖추지 못했으며 공식적 서비스로부터도 별로 원조를 못 받고 있으며 사회활동도 제대로 못 하고 있는 것으로 시사되었다.

이러한 점들을 보아 공식적 원조는 물론 비공식적 도움의 양과 질을 다 같이 높여야만 노인들의 여러 가지 욕구를 충족할 수 있을 것이다. 사회복지기관은 특히 노인들과 가족들이 노부모를 위한 가족과 지역사회의 사회적 지원망을 형성, 개발하도록 도와야 하겠다. 특히 '커뮤니티 케어'(community care)(공동사회의 보살핌) 사업의 개발이 필요하다.

구체적 방안으로서 기관은 노부모와 가족 사이의 관계 형성 및 유지를 돕는 한편 혼자 사는 노인들을 위해서는 각종 봉사활동을 하여 노인들에 대한 비공식적 원조를 확장하고 이분들이 정상적인 심리적 및 신체적 상태를 유지하도록 해야 한다.

노인들의 비상금 및 여가활동비에 대한 욕구는 사회적 활동에 대한 욕구와 연관 지어 생각할 수 있다. 노인복지기관은 노인능력은행, 직업안내소 및 다른 노인복지기관들과 긴밀한 협력관계를 이루어 직업을 원하는 노인들에게 고용의 기회를 제공함으로써 경제적 상태의 호전을 도모하는 한편 노인의 특성에 맞는 자원봉사프로그램을 개발함으로써 사회활동에 대한 욕구를 충족하도록 노력할 수 있을 것이다. 현존하는 노인복지서비스에 대한 노인들의 인지도는 매우 낮다. 이는 공식적 서비스를 원활히 받지 못하고 있는 점 그리고 서비스의 내용과 질에 문제가 있음을 시사한다.

서비스 활용에 영향을 미치는 요인들은 서비스에 대한 정보 부족, 노인들의 신체기능상의 문제, 사회적 고립, 교통문제 등을 생각할 수 있다. 따라서 노인복지기관은 노인들에게 서비스에 대한 정보를 제공하는 동시에 지역사회 및 관련기관들과 협력하여 노인들을 욕구충족에 적합한 서비스와 연결해 주어야 한다. 또한 지역사회 내에서 손쉽게 서비스프로그램을 활용할 수 없는 노인을 위해서는 가정방문으로 이분들을 직접 찾아서 돕는 추적서비스와 같은 프로그램을 개발하여 보다 쉽게 서비스를 활용할 수 있도록 도와야 할 것이다.

노부모들의 욕구는 매우 다차원적이기 때문에 사회적, 심리적 및 신체적인 차원들을 종합해서 통합적으로 고려하여야만 하겠다. 따라서 무엇보다도 많은 서비스프로그램을 개발하여 그 종류와 내용을 다양화할 필요가 있다.

지금까지의 노인복지는 노부모를 부양하는 가족에게 노인에 대한 일차적 책임을 지도록 한 후 거기에 필요한 일부의 보충적인 공식적 혜택만을 제공하여 왔다. 노인복지정책이 가족부양에 기초해야 한다는 데에 대해서는 논쟁의 여지가 없다. 그러나 오늘날 가족수가 감소한 핵가족이 많이 늘어나고 있음을 고려할 때 노인부양의 일차적 책임을 이들 소가족에게만 지도록 하는 데에는 문제가 있다. 따라서 앞으로 가족의 역을 넘어서 보다 넓은 이웃과 사회에 뻗어 나간 '현대적 효'를 실천하는 데는 가족 – 지역사회 – 국가가 연계하여 상호 보완적 기능을 수행하는 방향으로 노인과 자족을 도와주는 프로그램을 개발해 나가야 할 것으로 본다.

6장

도움: 내면적 차원과 외면적 차원

우리의 부모를 보살피고 지원하는 전통은 여러 세대에 걸쳐 효에 그 바탕을 두고 이어져 왔다. 효에 관한 가르침에서 가장 강조되는 점이 바로 부모를 보살피고 스스로 우러나서 지원하는 일이다. 즉 노약하고 의존적인 고령의 부모를 보살피고 도와 드리는 것이다.['보살핌'과 '도움'을 같은 뜻으로 본다.] 효는 부모에게 조건이 없이 자원해서 행하는 행동이기도 하지만 부모로부터 받은 깊고 끝없는 애정, 보살핌 및 지원에 대한 보답으로 행하는 행위이기도 하다.

| 보살핌(도움)의 뜻

보살핌(care)은 부모에게 효를 하는 방식들 가운데서 으뜸가는 항목으로 저자의 경험적인 조사에서도 나타났다(성규탁, 1989, 2001;

Sung, 2007).

보살핌은 단순히 느낌 또는 감정의 차원이 아닌 다른 사람의 복지에 대한 깊은 동정심과 관심 그리고 실제적 행동으로 이루어지는 도움과 지원을 의미한다.

다른 사람을 보살핀다는 것은 바로 그 사람을 존경하는 것이며 다른 사람을 존경하려면 그 사람에 대해서 관심을 가지고 그의 인격을 존중하고 그가 필요로 하는 것을 제공해 주고 무엇보다도 보살펴 주어야 한다(Dillon, 92; Downie & Telfer, 69).

그래서 존경은 사람과 사람 사이의 관계를 유지하는 데 가장 중요한 요소이다.

보살핌은 사회복지 및 의료 서비스와 밀접히 관련되어 있다. 만성질환으로 와상 중인 노령의 환자를 보살피는 일은 어려운 일이다. 이런 환자는 서비스 제공자에게 거의 완전히 의존하는 상태에 있다. 인생의 종말 단계에 있는 이분이 품위 있게 여생을 보내도록 도와주고 이분에게 인도적인 서비스를 제공한다는 것은 가족과 인간봉사 전문인들(의사, 간호사, 사회복지사, 기타 서비스 제공자들)이 환자를 존경하려는 도의적 및 전문직적 사명감을 갖고 실행해야 할 의무인 것이다.

| 도움의 내면적 차원과 외면적 차원

효에 관한 가르침과 지침이 수록되어 있는 문헌에는 부모를 예

(禮)로 대접하는 것이 효라고 했다. 예는 예절과 바른 행동을 뜻하며 효의 행동적 차원만이 아니라 효의 내면적 차원, 즉 심리적이고 정서적인 차원까지 포함하고 있다.

부모에게 어떻게 효를 하면 좋겠느냐고 한 제자가 공자에게 질문하자 그는 다음과 같이 대답하였다. 이 답은 들을 때마다 사람을 감동시키는 말이다.

> "요즈음은 부모에게 음식만 제공하면 효를 하는 것으로 안다. 하지만 개와 말에게도 먹을 것을 주지 않는가. 부모를 존경하지 않는다면 사람과 짐승 사이에 무슨 차이가 있는가"(논어, 2권, 7장).

위의 답변에 나타나듯이 공자는 부모를 마음속으로부터 존경하는 것이 중요함을 지적하였다. 즉 물질적(외면적 또는 수단적)인 표현보다도 내면적으로 마음에서 우러나게 존중하는 것이 중요함을 뜻하는 것이다.

효에 관한 가르침에서는 어른을 물질적(수단적)으로만 도울 것이 아니라 정서적으로도 보살펴야 함을 강조하고 있다. 즉 부모의 마음과 몸을 함께 보살펴야 한다는 것이다.

부모를 정서적(내면적)이고 수단적(외면적)으로 보살피는 데 관해서 예기(상, 1; 하. 12)에 자세히 구체적으로 기록되어 있다.

> "효자는 부모를 즐겁게 해 드려야 하며 그들의 의사에 어긋나는 언행을 해서는 아니 되며 이분들이 즐거운 것을 보고 듣도록 해야 하며 편한 잠자리를 제공해야 한다. 아침에 일어나면 아들 부부는 부모의 거실에 가서 문안을 드리고 공손한 말로 그분들의 의복이 따뜻한가 불편한 곳은 없는가 알아보고 만약 고통스럽거나 불편한 점이 있다고 하면, 이를 해소해 드

려야 한다. 그리고 그분들이 원하는 음식을 대접해야 하며 그 음식은 맛이
있고 신선하고 연하고 향기로운 것이라야 한다."

이 구절에는 보살핌·도움의 정서적인 면과 물질적인 면이 통합
이 되어 설명되어 있다.

| 도움의 구분

앞 장에서 노인들이 필요로 하는 여러 가지 서비스들이 나타났
는데 이들을 내면적인 것과 외면적인 것으로 나누어 보고자 한다.
먼저 내면적 도움을 나타내는 지표로서 다음을 들 수 있는데 이
지표들은 앞 장에서 나타난 대로 사회적 안녕과 심리적 안녕의 두
가지 영역에 속한다. 모두가 서비스나 도움 또는 제공된 생활조건
에 대한 고령자들의 느낌과 판단에 기초한 것이다.

〈내면적 도움〉
　동거자와의 대화
　가족과의 친밀도
　자녀로부터의 도움(느낌)
　안전도(느낌)
　존경도(느낌)
　사회적 대우(느낌)
　생활만족도

행복도

고독감

    다음 외면적 도움은 주로 행동이나 활동으로 제공되는 도움으로 고령자가 신체적으로나 경제적으로 의존적인 처지에 있을 때를 고려하여 구분해 본 것이다. 건강 상태가 좋지 않거나 수입이 없는 어려울 때 고령자들은 이런 수단적/물질적 지원 또는 서비스를 통해서 도움을 받는다.

〈외면적 도움〉

   비상금 준비

   건강유지비

   여가활동비

   음식, 의료 구입비

   주택유지비

   물건구입

   약복용

   식사

   세수, 갱의(更衣)

   집안일

   목욕

   용변

   자족외출

   기타: 취미활동, 취업안내

주로 물질적이고 수단적인 도움들이다. 이런 도움은 고령자에게 내면적 도움에 못지않게 긴요한 것이다. 그런데 내면적 도움과 외면적 도움은 서로 연계되어 있어 물질적인 지원을 하면 내면적 도움도 제공할 수 있다고 볼 수 있다. 그러나 경우에 따라서는 두 가지는 별개로 보아야 한다. 아무리 많은 물질을 제공하여도 내면적인 성과를 못 올리는 경우가 있을 수 있다. 사회가 경제적으로 부유하게 되고 사회복지제도가 완비되면 고령자들은 물질적 지원보다도 내면적인 도움을 자녀와 사회로부터 받기를 원하게 될 것으로 본다. 정서적이고 내면적인 도움이 더 중요하게 되는 것이다.

│ 내면적 차원의 중요성

다음에 보살핌의 내면적 차원의 중요성에 대해서 생각해 보고자 한다.

우리는 사람에게 도움 또는 서비스나 치료를 해 주는 것과 방편적 또는 수단적인 것과 흔히 혼동하는 경향이 있다.

사람을 보살피는 데는 위에서 지적한 바와 같이 방편적(수단적 또는 기술적) 차원뿐만 아니라 정서적(내면적 또는 질적) 차원이 있다. 이 두 차원들은 서로 연결되어 있지만 이들을 구분해서 생각할 필요가 있다.

사람을 보살피고 돕는다는 것은 먼저 사람과 사람 사이의 인간관계 속에서 시작되고 진행된다. 다른 사람을 온정과 동정심을 기지고 존중하면서 대하지 않고서는 그 사람을 위해서 진정한 보살핌과 서비스나 치료를 해 줄 수 없다. 이 점은 부모와 자녀 사이의 관계에서도 마찬가지이다

어떤 효자는 아버지와의 정이 간절하여 아버지가 생전에 좋아하던 과일을 볼 때마다 돌아가신 아버지 생각이 나서 그 과일을 먹지 못했다는 이야기가 논어에 기록되어 있다. 부모에 대한 보살핌과 서비스는 이런 깊고 두터운 애정과 경의를 바탕으로 시작되어야 한다는 뜻으로 이 이야기를 해석할 수 있다.

위에서 공자가 말한 바와 같이 어른에게 먹을 것만 주고 마음속에서 우러나게 존중하지를 않는다면 그 것은 올바른 효가 되지 못한다는 것이다.

"아들은 부모의 건강을 특별히 걱정해야 한다"(논어, 4권, 19장). "……부모의 뜻을 거역하지 말고 그분들이 즐거워하는 것을 들려주고 보여 주도록 해야 한다……"(예기, 1권, 1장). "……부모의 생신을 맞이해서 그분들이 한해 더 늙으신 것을 가엽게 여겨야 한다"(논어, 4권, 21장). "부모의 죽음을 애도하는데 형식에 치중하는 것보다 마음속으로 슬퍼하는 것이 더 중요하다"(논어, 3권, 4장).

위에 열거한 효에 관한 문헌에 담긴 말들은 곧 자녀의 부모에 대한 내면적인 대접 - - 정의, 존경, 애정, 책임감 - - 을 반영하며 내면적인 차원이 중요함을 알려 주는 것이다. 이 내면적 차원이 곧 부모를 위한 모든 보살핌과 서비스의 시작이 된다고 볼 수 있다.

우리의 동아시아 문화권에서는 다른 사람을 보살핀다는 것은 곧 인(仁)을 실천함을 의미한다. 인은 사람을 사랑하는 것, 다른 사람에게 진정한 인간애를 실천함을 뜻한다. 즉 인은 사람과 사람이 사

랑과 인간애를 서로 교환하는 것이며 모든 사람을 대하는 데 있어 실천해야 하는 덕이요 가치인 것이다. 인은 부모를 보살피는 데에서도 마찬가지로 적용된다.

오늘날 의료와 사회복지를 담당하는 기관들에서도 서비스제공자들이 환자나 클라이언트에 대한 올바른 내면적 자세를 갖는 것을 매우 중요시하고 있다. 그리하여 질이 좋은 서비스와 치료를 제공하기 위해서는 서비스 제공자와 치료자가 무엇보다도 따뜻한 심정으로 클라이언트를 맞아 주고, 그들을 너그럽게 대하고, 그들을 인격을 지닌 소중한 사람으로 존경하고, 그들의 개인적인 생활 스타일과 신조를 존중하는 마음의 자세, 즉 내면적인 차원을 먼저 갖추어야 하는 것이다.

서비스제공자의 가치관과 시각은 매우 중요하다. 많은 경우 서비스제공자의 가치관과 마음의 자세가 클라이언트에 대한 서비스의 내용과 방법을 결정하고 나아가 서비스의 질을 결정할 수 있기 때문이다.

노인을 푸대접하고 이들의 문제를 경시하는 사람들이 있다는 사실을 생각할 때 이런 서비스제공자가 갖출 요건은 매우 중요한 것이다.

지금까지 대부분의 서비스 제공자들이 수단적 또는 기술적이고 양적인 차원에서 노인을 보호, 부양하는 데 관심을 집중한 나머지 서비스의 질적이고 정서적인 면--내면적 차원--을 소홀히 다룬 경향이 없지 않다.

즉 부모에 대해 존경과 애정을 표하고 관심을 갖고 걱정을 하고 동정심을 가지는 내면적이고 정서적인 차원의 보살핌에 대해서는 지금까지 크게 무게를 두지 않는 경향이 있었다. 이러한 차원은 눈으로 볼 수 없고 계산을 해서 숫자로 나타내기가 어려우나 우리의 마음속의 심정과 가치관을 표현하는 것이다.

따라서 우리는 보살핌·도움의 내면적인 차원을 외면적인 차원에 못지않게 중요시하고 이 두 차원을 병행 또는 통합해서 부모와 어른을 보살피고 도와 나가도록 노력해야 하겠다.

7장

효행의지의
비교문화적 고찰

본 장에서는 한국과 미국의 부모부양에 관한 연구자료를 근거로 하여 부모와 친척을 부양하는 한국인과 미국인의 부모부양의지(효행을 하고자 하는 의지)와 관련된 문화적 특성을 비교 분석하고자 한다.

사회의 어떤 현상은 그 사회에 사는 사람들이 쉽게 파악 못하는 경우가 있다. 그런데 이런 현상을 다른 사회의 비슷한 현상과 비교를 해 보면 그 현상에 대한 두 나라 간의 공통성과 이질성을 알아낼 수 있고 나아가 그 현상의 특성을 비교적 쉽게 규명할 수 있다.

이러한 비교문화적 분석을 통하여 문화적 차이에 상관없이 나타나는 공통된 부모부양의지와 각 문화 특유의 부모부양의지를 알아내어 부모부양에 대해 우리가 참고해야 할 사항과 다른 문화권의 사람들에게 알릴 수 있는 우리의 부양방식을 구분해 낼 수 있다. 즉 고령의 부모와 노인을 부양하는 데 있어 동아시아 문화권에 사는 우리와 서양문화권에 사는 미국사람과 어떻게 다른가? 또는 비슷한가를 파악할 수가 있다. 이러한 비교를 통해서 우리에게 참고

가 될 점을 알아서 도입하고 그들에게 도움이 될 것을 알려 줄 수 있다. 다른 문화와의 비교연구는 앞으로 노년학과 노인복지에 관한 자료를 다른 나라들과 서로 교환하는 데 있어 필수적 수단이 될 것으로 본다.

| 비교문화적 연구

한국과 미국의 서로 다른 문화권에 사는 사람들이 부모를 부양하려는 의지를 비교하는 이유는 문화권에 따라 효행의지가 어떻게 다른가를 알아내려는 것이다. 동아시아에 위치한 한국에서 자라난 저자의 비서구적(非西歐的)인 관점을 통해 서양문화권의 가치관을 지닌 미국인들이 노부모 부양을 중요시하는 것을 비교해 보면 두 문화권 사이의 차이점을 비교적으로 분명하게 파악할 수 있을 것으로 본다(Sung 성규탁, 1994; 2004). 다른 문화로부터 우리가 배워야 할 점 특히 다른 문화권에서 중요시하거나 또는 중요시하지 않는 부모부양과 관련된 태도나 행동을 알아볼 수 있다.

| 비교연구를 위한 자료

1) 한국자료

한국 측의 부모부양자들에 관한 자료는 서울시에서 저자가 수집하였다(Sung, 1994; 성, 2005). 조사대상은 3개 노인복지기관에서 재활, 주간보호 등 서비스를 받는 노부모를 부양하는 주부양자로서, 전체 조사대상자 수는 226명이었다. 이들은 각 기관이 가지는 부양자들의 명단을 근거로 체계적 무작위 표집방법을 사용하여 표집되었다. 표본의 크기는 각 기관과 관계를 맺은 보호부양자의 수 (30명~120명)가 달라서 기관마다 다르다(표집비율: 5). 자료수집방법은 각 가구를 직접 방문하거나 전화로 실시한 면접조사이며 부양자의지를 파악하기 위한 질문은 "귀하는 어떤 이유에서 노부모를 부양하고 계십니까?"라는 개방형 질문이었다. 대상자 중 172명에게 질문을 하여 응답률은 76%였다. 알아낸 주요부양의지는 다음의 9가지 항목으로 구분할 수 있다.

부양의지의 유형

① 존경: 부모를 존경심과 예의를 가지고 대하고 성의껏 보살핌.
② 책임/의무: 학업, 사회생활 또는 결혼을 연기하거나 포기하고 어려움에 처한 시부모나 친정부모를 효성스럽게 부양함.
③ 희생: 자신의 개인적 안락과 안전을 제쳐 놓고 부모부양에 헌

신하고, 부모의 보건의료비용을 마련하기 위해 노동을 하고, 병환으로 와상 중인 부모를 보호부양하면서 신체장애가 있는 남편을 간호함.

④ 동정심: 병약하거나 장애가 있는 부모를 불쌍히 여기며, 부모에게 더 잘해 드리지 못하는 것을 자책함.

⑤ 가족의 조화: 부모가 따뜻한 가족의 분위기를 느낄 수 있도록 하며, 부모와 다른 가족원 간의 의사소통과 상호작용을 촉진함.

⑥ (가족에게 못한 것을) 보상: 자신의 (친정)부모나 가족을 제대로 보호부양하지 못한 것을 보상하기 위하여 시부모나 친정부모를 정성껏 부양하고, 가족원 중 사망한 사람에게 잘못한 것을 보상하기 위하여 부모를 보호부양함.

⑦ 보은: 부모의 소망을 실현하고 부모의 은혜를 갚으려고 물질적 또는 비물질적인 도움이나 편리를 제공해 드림.

⑧ 종교적 신념: 유교, 불교, 기독교, 이슬람교, 기타 종교의 가르침을 준수함.

⑨ 사랑: 부모에 대한 깊은 사랑과 애정을 표현함.

이상의 범주는 저자가 효행태도에 관한 선행연구에서 추출한 것이다.

한국의 부양자들이 지적한 6가지 주요 효행 동기는 '사랑', '보은', '존경', '책임성', '가족의 조화' 및 '희생'이었다(표 7). 그다음으로 '보상', '동정심', '종교적 신념'이 지적되었으나 이 항목들은 지적 빈도가 비교적 낮은 10% 이하이어서 이하의 분석에서 제외하였다.

2) 미국자료

　미국의 조사대상자들(부모를 부양하는 성인 등)에 관한 자료는 뉴욕시에서 수집되었다(Horowitz & Shindelman, 1983; Sung, 2007). 이들은 3개 노인 복지기관들에서 주간보호서비스를 받는 노부모(소수는 친척노인)를 부양하는 주부양자(primary caregivers)이며, 표본은 203명이었다. 면접조사를 통하여 이들의 부양의지를 조사하였는데 이를 파악하기 위해 사용한 질문은 "귀하는 어떤 이유로 부모/친척 노인을 보살펴 드리고 있습니까?"라는 개방형 질문이었다.

　이 질문에 응답하여 부모 또는 친척 노인을 보살피는 이유로서 다음의 3개 항목을 지적하였는데 지적 빈도를 보면 아래와 같다.

책임/의무　　　 (58%)

애정/사랑　　　 (51%)

보　은　　　　　 (17%)

　부양자의 대부분이 노인의 성인 자녀(65%)였으며 이들의 평균연령은 51세이다. 주거형태별로는 대부분 보호부양자가 노인들과 별거하면서 부양하고 있었으며 27%는 동거하면서 부양하고 있었다. 보호를 받는 노인들의 80%가 여성이며 배우자와 사별한 노인들이 67%이고 75세 이상의 노인이 66%이다. 노인들의 장애의 정도는 평균해서 중간 정도인 것으로 나타났다. 부양자는 전화통화, 대화, 가사원조, 개인적 보살핌(personal care), 쇼핑, 식사준비, 경제적 원조, 재정관리, 정서적 지지, 교통편 제공 그리고 외부의 노인복지서비스와의 연결해 주는 서비스들을 제공하고 있었다.

표 7. 미국인과 한국인의 부양의지 비교

효행동기*	미국인	한국인
	(N = 203)	(N = 172)
	순위(%)	순위(%)
책임성/의무감	1 (58%)	4 (63%)
애정/사랑	2 (51%)	1 (83%)
보은	3 (17%)	2 (77%)
존경	-	3 (74%)
가족화합	-	5 (61%)
희생	-	6 (24%)

(%)는 지적한 부양자의 비율
* 응답자의 17% 이상이 지적한 항목만 제시

두 비교집단의 부양자 대부분은 노인의 성인 자녀(74%)이며 아들이 13%, 며느리가 74%, 딸이 12%였으며 이들의 평균연령은 48세였다. 부양자의 85%는 여성이며 83%가 배우자가 있는 상태이고 81%가 동거하면서 부양하고 있었다. 피부양자인 노부모 중 66%가 여성이며 65세 이상이 78%, 사별한 경우가 66%이며 가족의 부양을 받고 있는 경우가 93%에 달하고 있었다. 그리고 이들 피부양자는 대부분 건강문제를 가지고 있었다. 부양자들은 개인적 보살핌, 가사원조, 식사 시중, 투약, 청소 및 세탁, 목욕시중, 용돈제공, 외출동행, 공식적 서비스와의 연결 등과 같은 서비스들을 제공하고 있었다.

미국의 뉴욕시와 한국의 서울이라는 각기 다른 사회를 대상으로 연구를 실시한 관계로 비교문화적 연구에서 다루는 조사방법(조사 설계 및 자료 분석)에서 유의해야 할 사항들에 배려하여 조사를 진행하였다.[이 조사에 사용된 조사방법의 세부사항에 대해서는 저자의 책 "현대한국인의 효" (2005)의 제13장과 논문 "Cross – cultural comparison of motivations for parent care," *Journal of Aging Studies*, Vol. 8, No.2를 참조하기를 바란다.]

| 조사결과

미국의 부양자들과 한국의 부양자들 사이에 서로 다른 특성이 나타났다. 미국부양자들은 노인들의 자녀가 65%이고 부모와 동거하는 경우가 27%인 데 비하여 한국의 부양자는 91%가 자녀이며 81%가 부모와 동거하고 있었다. 이에 대조적으로 미국 측에서는 대부분 자녀가 부모와 별거하는 경향이 드러났다. 이와 더불어 한국의 부양자들에 비하여 미국의 부양자들이 상대적으로 연령이 높은 것으로 나타나 미국인의 수명이 한국인보다 더 길다는 인구학적 특성의 차이를 반영하는 것으로 보인다.

1) 한국인과 미국인의 공통적 부양의지

미국과 한국의 부양자 모두가 애정, 보은, 책임을 주요 부양의지로 지적했다는 것은 인상적이다.

그러나 부양의지를 지적한 빈도에 있어 두 집단 사이에 차이가 있다. 한국인은 미국인에 비하여 이들 3가지 유형의 부양의지를 지적한 빈도가 더 높다(표 1). 두 집단들에서 애정과 보은을 주요 부양의지라고 지적한 부양자의 비율에서는 차이를 보이지만 이 두 가지 의지의 순위는 비슷하게 나타나고 있다(미국: 2, 3위; 한국: 1, 2위). 그러므로 다른 문화적 맥락에 속해 있는 두 나라 자녀가 부모에 대한 애정, 보은, 책임감과 같은 인간적 자질을 공통으로 보유하고 있음을 알 수 있다.

다음에 각 문화에서 이러한 인간적 자질이 지니는 의미에 대하여 논의하고자 한다.

(1) 부모에 대한 애정/사랑

사랑을 주고받는다는 것은 인간의 기본적 욕구이다. 사랑을 이루는 핵심적 차원들은 보살핌, 이타주의 및 동정이다(Montagu, 1975; Wikipedia – Love, 2009). 그러므로 사랑은 불교 – 유대 – 기독교 – 기타 종교 윤리에서 덕(德)으로 다루어져 왔다. 불교에서 사랑은 사람의 고통을 줄여 주는 자비와 동정심, 타인의 복리를 위한 비이기적 관심을 뜻하며 기독교적 사랑의 특성은 타인의 복지를 위하여 자신의 힘을 바치는 것이고 유대인들은 전통적으로 사람들에 대한 사랑과 보살핌이라는 가치를 통하여 타인과의 관계를 맺었다(Aquinas, 1981; Novick, 1990; Nicholson, 2000).

동양의 효의 이념도 인간의 본능적인 사랑에서부터 유래한 것이다. 유교윤리의 중심적 교리는 인(仁)에 기초한 것인데 인을 실천에 옮기는 가장 기본적 방법이 가족과 친척 및 이웃을 사랑하는 것이다. 그러므로 부모에 대한 애정은 곧 인을 실행에 옮기는 것이다.

애정은 부모와 부양자인 자녀 사이의 관계를 사정하는 데 매우 중요한 기준이다. 피부양자와 부양자 사이에 강한 애정이 있으면 부양자가 부모를 부양하는 데 대한 부담을 적게 느낄 수 있다. 부모와 성인자녀 간의 사랑은 교호적인 속성을 지닌다. 한편에서 많은 사랑을 베풀게 되면 다른 한편에서도 많은 사랑을 베풀게 되는 것이다. 이러한 애정관계의 상호성이 있기는 하지만 애정이 없는 관계에서도 부모 자녀 간의 보호부양은 이루어질 수 있다. 애정은 부양에 따르는 부담감이나 스트레스가 심할 때는 줄어들거나 무산되어 버릴 수가 있다. 그래서 노인부양은 애정에만 의존해서는 안 될 것이다.

(2) 보은: 부모 은혜를 갚음

부모는 의식주, 애정, 보호, 건강, 교육 등과 같은 자녀의 기본적인 복지욕구를 충족시켜 준다.

더욱이 가장 귀중한 몸을 부모로부터 받았다. 공자는 "부모로부터 받은 몸을 손상해서는 안 된다"라고 하였다(禮記: 祭儀). 율곡도 같은 말을 했다(聖學輯要). 이 충언은 서양의 Aristoteles와 Aquinas의 가르침과 거의 같은 것이다. 즉 이 동서양의 선현들은 다 같이 "자녀가 부모로부터 받은 것 중에서 최고의 선물은 생명 그 자체이다"라고 했다. 그러므로 성인 자녀의 의무는 부모의 이 막중한 은혜에 보답하고 감사를 표하는 것이다.

그러나 부모의 은혜에 보답하기는 쉬운 일이 아니다. 옛 격언에 "부모는 열 명의 자녀를 보살필 수 있지만, 열 명의 자녀는 한 명의 부모를 보살필 수 없다."라는 말이 있다. 유감스럽게도 많은 자녀는 부모에 대한 보은의 교리를 실행하지 못하고 있다는 뜻이다. 부처(佛陀)는 이르기를 "비록 자녀가 백 년 동안 향기로운 물약으로 부모를 목욕시키고 완벽한 자녀가 되고 부모에게 왕좌를 드리고 세상의 모든 호사스러운 것을 해 바친다 할지라도 부모에게 진 은혜의 빚을 갚는 것은 불가능하다"고 하였다 (Teaching of Buddha, 1984; Nicholson, 2000).

서양의 윤리학자 Hume은 "인간이 저지를 수 있는 모든 죄악 가운데서 가장 무섭고 몰염치한 죄악은 배은망덕이며 그중에서도 부모에 대한 배은망덕은 가장 큰 죄악이다."라고 하여 부모의 은혜에 보답함이 중요함을 강조하였다(Sidgwick, 1983).

그러나 자신의 선조부터 받은 은혜에 보답하지 못함으로써 불효를 하게 되면 사람들은 평생 한으로 삼고 후회하게 된다. 하지만 자녀가 성숙해지고 부모 은혜에 보답할 준비가 되었을 때는 부모는 이미 이 세상을 떠나 버린 후일 경우가 많다. 그리하여 부모 사후에라도 부모의 은혜에 보답하기 위하여 자녀는 부모의 묘소를 찾아 성묘하고 자신들의 자녀들에게 선조에 대한 추억을 얘기해 주고 부모와 가까웠던 이웃이나 친척을 초대하여 음식 대접이나 접대를 하고 부모의 이름으로 된 서비스를 제공하기도 한다. 이러한 행동들은 부모의 은혜에 보답하려는 효행의 보기라 하겠다.

한편 부모가 자녀에게 하는 행동은 곧 수용하고 애정을 베풀고 훈육을 하고 지지를 해 주고 친절하게 대해 주는 그것이다. 이러한 부모의 자녀에 대한 행동은 곧 자녀의 생활에 영향을 미친다. 즉 자녀를 사회적으로 바람직한 방향으로 자라나도록 인도를 하게 되는 것이다.

부모 자녀 사이의 아름다운 관계를 나타내는 한 예로 다음과 같은 이야기가 있다. 즉 "나는 나의 어머님에게 어머니 역할을 해 드리고 있다. 어머니는 사랑과 따뜻한 애정을 요구하는 내 자녀 중의 하나와 같다. 나의 보살핌을 받고 어머니가 고통스러운 처지에서 벗어나는 상황을 보고 나는 한없이 기쁘게 여기고 있다." 이것은 병약한 모친을 자기 집으로 모셔 와서 부양하는 효녀(孝女)의 말이다. 부모 은혜를 갚는 좋은 보기이다.

보은은 초기에는 자녀가 부모에게 의존하고, 후기에는 노부모가 자신들의 자녀에게 의존하는 상호성의 주기를 갖는다는 점에서 호혜적 관계라 할 수 있다.[부모 자녀 사이의 호혜적 관계에 대해서는 제5권에서 자세히 논의한다.]

(3) 책임감 또는 의무감

부모에 대한 책임·의무는 자신의 부모를 보호부양하고 노부모의 욕구를 충족시켜야 한다는 성인 자녀의 의무감이다. 부양 또는 보살핌이란 용어는 타인의 안정과 복리를 중시하거나 책임을 진다는 의미가 내포되어 있다.

부모부양에 대한 의무는 유대-기독교의 도덕관에 나타나 있다. 불교에서도 역시 그런 의무가 여러 경전에서 전해지고 있다. 성경에서는 "너의 오늘이 있게 해 준 너희 부모를 존경하라"라고 가르치고 있다(성서: 출애굽기 20장 12절). 이 절은 특히 부모에 대한 존경을 강조하는 것이다. 유대 율법에 따르면 존경은 다른 사람을 위한 서비스를 통해 실행할 수 있으며 비록 악의는 없다고 할지라도 사람에 대한 무시, 무관심은 무책임과 비인간적 행동과 같은 것이다(Cohn – Sherbok, 2003).

미국과 한국 사회 모두 부모부양의 일차적 책임은 가족에게 있다. 그러나 두 나라의 가족생활 형태는 상당히 다르다. 한국에서는 노부모의 다수가 결혼한 아들과 동거한다. 그러나 미국문화권에서는 부모와 성인 자녀의 동거를 바람직한 주거형태로 보지 않는다. 그리고 미국에서는 딸이 보호부양자의 역할을 하는 경우가 많지만 한국에서는 대부분의 가정에서 며느리가 시부모 부양의 책임을 진다. 자녀와 노부모의 별거생활이 부모부양에 어떠한 결과를 가져오는가 그리고 며느리가 주는 보살핌과 딸이 주는 보살핌이 어떻게 다른가는 좀 더 연구해 볼 필요가 있다.

부모가 가장 염려하는 것은 자녀의 건강이다. 우리문화에서는 예로부터 이것이 부모의 가장 커다란 걱정이다. 공자도 "자식이 병에 걸리는 것이 부모의 걱정임을 지적하였다"(論語, 爲政). 그러므로 자녀가 자신의 건강과 안전에 주의를 기울이고 부모의 염려를 들어주는 것은 부모에 대한 자녀의 책임/의무를 수행하는 것이다.

앞서 기술한 바와 같이 자녀의 부모에 대한 애정은 어렵고 지루한 보호부양을 하는 과정에서 줄어들거나 소멸할 수가 있다. 인간의 정서는 변덕스러워 변할 수가 있다. 그러나 부모에 대한 자녀의 의무감·책임감은 그럴 수가 없다. 이 도의적인 신념 때문에 가족을 하나의 책임성의 체계로 본다. 부모와 가족에 대한 책임성 문제는 산업화, 도시화한 현대사회가 그 중요성을 재평가하고 강조해야 할 주요한 과제로 등장하였다.

2) 한국인 특유의 부양의지

한국인 특유의 부양의지로서 존경, 가족화합 및 희생이 나타났는데 미국인에게서는 이러한 의지가 나타나지 않았다.

(1) 부모에 대한 존경

부모에 대한 존경은 한국인들이 많이 지적한 효행 동기 중의 하나이다. 실제로 효에 대한 교의에서 가장 강조하는 점이 부모에 대한 존경이다.

즉 부모를 존경심과 예의를 가지고 대하고 성심성의껏 보살피는 것이다.

[존경에 대해서는 제3권에서 자세히 논의한다.]

오늘날 한국에서 노인의 권위가 점차 떨어지고 있다고 하지만 고령자에 대한 존경은 여전히 사회적 규범으로 받아들여지고 있다. 노인을 공손하게 대하고 보살피는 것이 우리 유교 - 불교 문화권에 있는 한국을 비롯한 중국과 일본의 전통적 특성이다. 우리는 노인과 대화를 할 때 존댓말을 쓰며 노인에게 좋은 자리에 앉게 하고 노인을 먼저 대접하며 노인이 먼저 문을 나서게 하며 노부모의 입맛에 맞추어 요리를 하고 생신과 휴일에 노부모를 예방하며 노인을 존경하는 사회적 노력을 지원하고 있다.

유대 - 기독교문화에서도 부모에 대한 존경은 사회적 윤리이다. 성경에 "너희는 각자 자기 부모를 공경하라"라고 가르치고 있다(레

위기, 19:3). 여기에서 '공경'은 '존경' 이상의 노인을 거의 신격화한 뜻을 지닌다(Post, 1989). 그리고 유대 율법에서는 부모가 내 앞에 없는 경우에도 존경하는 태도를 가져 달라고 요구하고 있다(Cohn － Sherbok, 2003). 그런데 기독교 사회인 미국에서는 Palmore(1999)가 지적한 바와 같이 존경이 대부분의 미국인에게는 낯선 단어이다. 그러나 Palmore는 노인에 대한 존경은 노인을 현대사회와 통합시키고 이분들의 사회적 지위를 높이는 데 매우 중요한 요소가 된다는 점을 강조하고 있다.

(2) 가족의 화합

가족원들이 부모부양에 대한 감정, 행동 및 관심이 동일하고 가족원의 부모부양책임과 범위를 규정하는 어떤 규칙이나 합의사항을 준수함으로써 부모를 중심으로 하는 조화로운 가족관계를 이룰 수가 있다. 가족을 조화롭게 하면서 부모부양을 하려는 의지는 명확히 앞장에서 논의한 가족 지향적 성향을 나타내는 것이다.

한국 사회에서는 가족관계의 통합을 매우 중시하며 가족관계 중에서도 부모 자녀관계가 최고의 위치를 차지한다. 가족이 조화롭게 단합이 되지 않으면 부모를 잘 부양하기가 어려워질 것이다. 수 세기 동안 한국인들은 외침과 내란을 가족이 단합하여 견디었다. 오늘날까지도 한국인들은 어려울 때 의존할 수 있는 건 가족밖에 없다는 말을 한다. 이러한 가족 중심적 경향은 최근의 산업화과정을 거치면서도 대체로 지속하고 있는 것으로 보인다.

(3) 부모를 위한 희생

희생은 성인 자녀가 부모의 복지를 위하여 필요한 경우에는 어려움·고난도 견디어 내겠다는 의지를 나타낸다. 예로 장기간 와병 중인 부모를 부양하려는 의지를 들 수 있다. 이러한 윤리도덕적인 의지는 개인의 이익을 초월하는 이타적 희생에 근거를 둔 것이다.

효행에 관한 얘기들은 효행자들이 바친 희생에 대해서 기술하고 있다. 다음 효행자의 사례들은 부모를 위한 희생이 무엇인가를 설명해 준다.

어머니를 봉양하기 위하여 딸은 30세가 될 때까지 결혼을 미루고 부양에 필요한 비용을 마련하려고 가정부로 일하였다. 한 기술자는 자신의 사회적 활동을 줄이고 결혼을 연기하여 부모의 병원비와 대학에 다니는 동생 학비를 벌려고 야간작업까지 하였다. 10명의 가족을 부양하는 한 행상인은 집집이 돌아다니면서 비누를 판매한 돈으로 부모의 의료비를 충당하였다. 신체장애인인 남편과 함께 침상에 누워 있는 시부모도 정성껏 부양하였다. 자신의 부모를 위하여 효행자녀는 불편, 곤경, 고통을 감내한다. 그러나 부모에게 한 이러한 희생은 결코 일방(一方)적인 것이 아니다. 자녀의 희생은 부모가 그들에게 바친 것에 비하면 매우 작은 것이다. 많은 한국인은 빈곤한 상황에서도 효도하고 있다. 효행을 하여야 한다는 의무감은 자신들의 신체적 및 재정적 능력을 초월한다.

| 논의

한국과 미국의 부양자들 모두에게 애정·사랑, 보은, 책임·의무가 공통적인 부양의지로 나타났다.

서로 다른 문화권에 속해 있는 성인 자녀들은 문화적 기원, 사회구조 그리고 경제적 수준에서 차이를 보이고 있긴 하지만, 유사한 부양의지를 갖추고 있으며 유사한 부양의지를 중요시하고 있었다. 그러나 한국인은 미국인보다 이들 3가지 유형의 부양의지를 더 중요시하였다. 다른 유형의 부양의지에는 두 집단들 간에 차이를 보이고 있다. 한국인에게는 존경, 가족화합, 희생이 효행의 다른 주요 동기로 나타났다. 이들 세 가지 부양의지는 미국인에서는 발견되지 않았다.

이상과 같이 본 연구에서는 문화적 차이에 관계없이 공통적인 부모부양의지 3가지와 한국문화권 고유의 부모부양의지 3가지를 식별해 내었다.

부모부양의지는 상대적 개념이다. 사실 미국인들도 부모에 대한 존경, 가족관계를 조화롭게 유지하려는 의지, 부모를 위하여 희생하겠다는 의지와 같은 기본적인 인간적 감정이 있을 것이다. 서양 사람들이 이러한 질적인 속성을 지니고 있는 데 대해서는 이미 많은 글에서 언급되었다. 다만 본 연구에서 다룬 미국의 자료에서는 그러한 질적 차원들--부모에 대한 존경, 가족의 화합 및 부모를 위한 희생--이 표현되지 않은 것으로 보인다. 따라서 다른 문화적 배경을 가진 비교집단들 사이의 차이는 좌다 우다 하는 식의 일방적인 현상이 아니라 오히려 더 그렇다 또는 더 그렇지 않다 하는 식의 정도의 차이로 보아야 할 것이다.

그리고 부모부양의지는 도덕적 관념의 교호성을 반영하고 있다고 본다. 퇴계(이황) (1501~1570)는 부모와 자녀 간의 교호적인 의무를 강조하였다.

앞에서 언급하였지만, 퇴계의 철학은 경(敬)으로 집약될 수 있는데 경은 부모－자녀에게 나아가 모든 사람을 존중하고 사랑함을 의미한다(채무송, 1985; 금장태, 2005). 자녀가 부모를 경으로 봉양하고 부모가 자녀를 애처롭게 여겨 보살피는 것은 두 사람의 관계에서 자연적으로 나타나는 하늘이 주신 아름다운 호혜적 현상이다.

그러나 오늘날 부모부양에 대한 자녀의 의무를 다시 강조해야 하고 부모 자녀 관계의 도덕성을 높여야 한다는 소리가 커지고 있다.

자녀의 도덕성의 발달은 부모가 자녀에게 어느 정도로 좋은 성품과 모범적인 행동을 보여 주어 동일시할 수 있는 모델이 되어 주느냐에 달렸다고 본다. 그러므로 젊은이들의 사회화는 부모 자녀 관계의 소산이라고도 할 수 있다. 윤리학자인 Rawls(2005)는 심리학적 원리에 입각하여 "자녀의 부모에 대한 사랑은 자녀가 부모의 사랑으로부터 얻은 혜택을 인식하였을 때 갖게 된다"고 하였다. 실제로 성인 자녀의 부모부양을 하고자 하는 의지와 실제로 자녀가 부모를 부양하는 행위 사이에는 연관성이 있다. 따라서 부모 자녀 관계에서 도덕적 합리성이 높을수록 자녀가 부모에 대해서 도덕적인 행동을 할 가능성이 커질 수 있다. 이 부모 자녀 관계의 도덕성과 연계된 중요한 조건이 바로 이 책에서 되풀이해서 논의해 온 부모 자녀 사이의 '교호적 관계'이다. 새 시대에는 부모 자녀 관계가 두 사람의 권리, 의무 그리고 욕구가 서로 함께 존중받는 방향으로 발전하여야 하겠다.

이상에서 한국과 미국문화에서의 부모 자녀 관계에 초점을 두고 두 문화에 공통적인 효행 동기와 한국문화 특유의 효행 동기가 갖는 의미와 이의 실천에 대해 살펴보았다.

한국인 특유의 부양의지에는 한국의 문화적 전통의 영향이 함축되어 있다고 본다. 이 전통은 노인에 대한 존경, 가족의 결속, 부모 자녀 간의 상호 지지, 가족의 복리를 위해 자신을 힘을 바치는 효(孝)에 뿌리를 두는 이념과 관행을 지칭하는 것이다. 이러한 전통은 Streib(1987)가 지적한 노인의 안녕에 영향을 미치는 '전통적 문화유형'(traditional cultural pattern)을 이루는 것이다.

한국인들의 경우 조선시대 후기와 일본강점기의 지속적인 사회 정치적 불안과 전란을 겪는 과정에서 같은 역사적 배경, 언어 그리고 문화를 가진 국민으로서 국가적 통합을 중요시하고 가족을 우선시하는 강한 가족주의 의식을 갖게 되었다. 가족주의의 핵심적 가치는 가족관계의 통합성을 유지하는 것으로서 다른 관계보다도 효에 바탕을 둔 부모 자녀관계를 중요시한다. 이러한 경향은 개인주의적 생활양식을 지향하고 젊음을 선호하며 광활한 대지를 이동하기를 좋아하는 미국인의 경우와는 대조적이다. 미국보다 국토가 좁은 한국은 물리적 이동보다는 노인과 자녀 간의 접촉을 더 선호하는 편이다.

현재 한국 가족들의 약 반이 다세대 동거가족이다.

이와 같은 노인들이 가족과 동거하는 주거형태는 한국 사회의 규범과 지향성을 반영하는 것이라고 볼 수 있다.

우리 사회에서는 아직도 병약한 노부모가 혼자서 살아가는 것을 바람직하지 못하게 생각하며 이런 노부모의 가족에 무엇인가 부족한 점이 있지 않은가 의아심을 품고 보는 경향이 없지 않다. 부모 자녀의 동거로 말미암아 고부갈등이 야기되기도 하지만 동거형태가 노약한 노부모를 부양하는 데는 적절한 주거환경이라고 보고 있다. 이와 대조적으로 미국은 부모와 자녀가 동거하는 경우가 매우 드물어 대부분의 노인이 자녀와 별거하며 이 주거형태를 바람직스러운 것으로 간주한다. 미국인과 비교해 볼 때 가족주의로부터 영향을 받는 한국인은 가족성원들과 친밀한 정서적 관계를 맺는 경향이 더 강하다.

　이러한 관계 속에서 성장한 한국인들은 효라는 전통적 부모부양 이념을 실천에 옮긴다. 미국문화에서 경시되는 부모에 대한 존경, 가족조화, 희생을 포함한 한국인의 부모부양의지에는 가족주의의식이 반영되어 있다. 한국에서는 게다가 노인부양과 관련된 전통적 관행을 권장하기 위하여 민간과 정부가 협동하여 체계적으로 노력하고 있다. 노인공경 캠페인, 경로주간, 효행자 포상 등은 이러한 전 국민적인 노력을 보여 주는 예가 된다. 이와 같은 사회공학적 노력의 기저를 이루는 것이 바로 효의 이념이다. 이런 문화적 배경을 가지는 한국인들은 같은 조건에서라면 노인에 대하여 미국인들보다도 더 높은 수준의 질적인 부양의지를 실현할 수 있을 것이다.

　한국은 산업화에 따른 사회적 변동과 문화적 전통 사이의 역동적 상호작용의 영향을 받고 있다. 이 상호작용이 노인의 지위와 복지에 앞으로 어떠한 영향을 가할 것인가가 우리의 주요 관심사이다. 특히 세대 간의 갈등을 없애기 위해서는 세대관계를 보다 발전적 방향으로 이끌어 나가야 할 것이다. 이러한 변화는 권위주의적인 가부장적 관계에서부터 상호 존중하고 상호 지원하는 교호적 관계로 옮김으로써 이룩할 수가 있을 것이다. 효에 대한 의식과 가족주의의식도 표현하는 방법에서 서서히 변화가 일어나고 있긴 하지만 이들 두 가지 의식 또는 가치는 아직도 상당한 정도로 보존되고 있음을 이 책에 담긴 경험적인 연구들의 결과가 증명하고 있다.

한국과 미국의 보호부양자 모두에게 있어 애정·사랑, 보은, 책임성·의무감이 공통적인 부모부양의지이며 동기인 것으로 나타난 사실은 인상적이라 하겠다. 서로 다른 문화에 속해 있는 두 집단은 문화적 기원, 사회구조 그리고 경제적 수준에서 차이를 보이지만 같은 부모부양의지를 중요시하는 것이다.

그러나 한국인은 미국인보다 이들 3가지 유형의 부양의지를 더 중요시하고 있다.

그런데 이 3가지 부양의지――애정-의무감-보은――이외에 자녀가 부모를 위해서 가져야 할 마음씨가 또 무엇이 있겠는가? 다른 부양의지들은 아마도 그 중요성에서 이들 3가지에 다음가는 것으로 보는 것이 옳을 것 같다.

다른 유형의 부양의지에서는 두 집단 간에 차이가 나타났다. 한국인에게는 존경, 가족조화, 희생이 다른 주요동기인데 미국인에서는 이들이 발견되지 않았다.

이상과 같이 본 연구에서는 한국인과 미국인의 공통적인 부모부양의지 3가지와 한국인 특유의 부모부양의지 3가지를 발견하였다.

8장

새 시대의 효

그동안 진행된 사회 변동은 우리 민족사상 전례가 없는 커다란 변화였다. 그러나 이 변화가 우리의 전통문화의 중요한 부분인 효의 이념과 가치의 상실을 의미하는 것으로는 보이지 않는다. 오히려 이 책에 담겨 있는 자료들은 현대 한국인들의 부모부양과 관련된 사고방식, 정서적 반응 및 일상생활의 관행이 아직도 효 이념으로부터 깊은 영향을 받고 있음을 알려주고 있다. 현대화는 공공부문의 정치적 및 직업적 구조에 큰 영향을 끼쳤으나 개개 가족들의 생활 내면으로까지 그만한 영향을 끼치지는 못한 것으로 보인다.

효를 실천하는 기본적 맥락이 되는 가족을 보면 우리의 전통문화의 영향이 얼마나 끈질긴가를 알 수 있다. 동양의 가족이 서양의 가족과 같은 형태로 변한다고 하더라도 그것은 서구의 것과는 같지가 않다고 본다. 사실 많은 학자가 지적했듯이 한국, 중국, 일본의 가족체계는 원래부터 서구의 것과는 다르다(신용하, 2004; 신용하, 장경섭, 1996, 이광규, 1990; 김한초, 한남제, 최성재, 유인희,

1986; Deutchler, 1980; Pedersen, 1983; De Vos, 1988; de Bary & Bloom, 1999).

비록 부모의 핵가족과 자녀의 핵가족 간의 관계가 거리 및 접촉의 시각에서 느슨하다고 보일지라도 부모 자녀 간의 지원관계는 여전히 존속하고 있다. 이러한 관계는 효의 내용인 책임, 가족화합, 존경, 희생, 보은, 애정을 실현하는 가족적 노력 속에서 진행되고 있는 것이다. 이 노력은 부모와 가족을 위한 구체적 지원 또는 서비스로서 구현되고 있다. 다만 부모와 자녀가 지리적으로 떨어져 살고 경제적으로 독립했기 때문에 양자 간의 관계가 어느 정도 약화하는 경우가 있다. 이러한 부정적인 관계에서 오는 문제는 앞으로 사회복지적인 방법으로 해소해 나갈 수가 있다고 본다.

한편 한국의 핵가족은 친척과의 관계로부터 격리되어 있지 않다. 친척과의 관계가 과거보다는 약하지만 대부분의 핵가족은 상호 의존적 친족체계로 이루어진 '상호부조망' 안에 느슨하나마 통합되어 있다. 이러한 친족과의 상호부조 관계는 한국사회의 또 하나의 특징이다(이광규, 1990; 신용하, 2004).

일 년에 몇 번씩 고향을 찾아 가족들과 만나며 상호 간의 관심과 지원을 다짐하고 고향마을의 발전을 걱정하는 한국인들의 관습은 위에서 지적한 부정적인 요인들에게서 오는 영향을 줄이는 데 이바지하고 있다고 본다. 또한 우리의 언어와 역사가 같고 단일민족이고 교통통신이 고도로 발전하고 생활 정도가 높아지고 여러 가지 사회복지 및 의료 서비스를 받을 수 있다는 조건들은 부모와 자녀 사이의 거리로 말미암아 발생하는 문제를 상당히 줄여 준다고 본다. 이러한 유리한 조건들은 부모와의 접촉 및 대화의 기회를 증대하고 효의 실천을 쉽게 하며 부모와 가족이 통합할 가능성을 높여 주고 있다.

앞으로 우리는 부모부양이라는 무거운 과제를 풀어 나가는 데 있어 노인을 가족과 사회에 통합하여 보호, 지원하는 힘이 되는 효의 이념과 관행을 유지해 가는 동시에 가족 주변의 변화에 적응하는 양면적인 접근을 할 필요가 있다고 본다. 변화에 적응하면서 부모 자녀 간의 지원을 해 나아가려면 이 책에서 강조한 교호적 부모 자녀 관계, 가족을 위한 사회적 지원 등의 과제를 발전적으로 다루어 나아가야 할 것으로 본다.

이 책의 목적은 우리 사회에서 실제로 행해지는 효의 특징을 분석하고 한국인들의 효에 대한 인식과 관행을 조사하고 효를 실천하는 데 영향을 끼치는 가족 안팎의 상황적 요인들을 탐색하고 가족을 위한 사회적 지원의 필요성을 파악한 일련의 연구 결과를 소개하는 데 있다.

다음에 위와 같은 목적과 관련하여 특히 음미해 보아야 할 사항들에 대해서 논의하고자 한다.

| 현대 한국인이 생각하며 실행하는 효

노부모와 노인을 보호부양하는 일은 사회에 보편화된 가치에 의해서 크게 좌우된다. 사회가 노인을 중요시하는 가치를 가지면 그 사회가 노인에게 제공하는 서비스의 양과 질에 그러한 가치가 반영된다.

효의 가치는 사람들의 태도와 행동의 도덕성을 판단하는 문화적 기준이다. 따라서 노인복지를 계획하고 실천하는 데 효는 매우 중요하다.

효의 구체적 의미를 알고자 각종 조사방법을 사용해서 폭넓게 자료를 수집하여 심층적인 분석을 하였다. 그리하여 효에 관한 지금까지 알려지지 않은 자료를 얻었다.

효의 개념은 복합적이어서 다양한 차원들과 항목들로 설명될 수 있음이 나타났다. 그 이념은 구체적인 보살핌과 서비스를 부모에게 제공함으로써 실현되었다. 따라서 효는 부모를 위한 보살핌 및 서비스의 형태로 변형해서 설명할 수 있다.

본 연구의 첫 번째 대상이 된 효행자(효행상 수상자)들이 보호부양한 노부모들은 거의 모두가 신체적 질환을 갖고 있었다. 효행자들은 이분들에게 대소변 및 목욕을 도와 드리는 일(방편적 서비스)에서부터 마음을 편하게 해 드리는 일(정서적 보살핌)에 이르기까지 다양한 보살핌 및 서비스를 제공하였다. 개인적 보살핌은 주로 여성 효행자들이 제공하였다. 며느리가 노부모를 위한 서비스의 주역이 된 것이다. 효행자들은 다른 가족성원들 그리고 이웃과 지역사회의 노인들에게도 봉사하였다. 이처럼 효는 이웃과 지역사회로 그 실천범위를 넓힌 것이다.

본 연구에서 식별된 가장 현저한 효행이유는 다음의 5가지이다.

(1) 부모에 대한 존경

(2) 부모에 대한 책임

(3) 부모를 중심으로 한 가족의 화합

(4) 부모 은혜에 대한 보답

(5) 부모를 위한 희생

이들 효행의지는 각별한 효심을 가진 효행자들이 모범적으로 보여 준 효의 진수를 나타내는 것으로 볼 수 있다.

효행자들이 표출한 효행의지와 실제로 행한 효 사이에는 사실 긍정적인 관계가 있었다. 효행의지가 강하면 많은 효행의 실천 - - 구체적인 보살핌과 지원을 하는 행동 - -을 기대할 수 있음이 시사되었다.

부모에 대한 애정은 효행을 한 이유로 지적되지 않았다. 효행이 사랑 때문에 행해졌을 경우가 있었을 것이다. 그런데 자녀가 노부모를 부양하는 데는 반드시 부모에 대한 애정이 있어야만 한다고 볼 수는 없다. 애정이 없어도 부모에 대한 책임 때문에 의무적으로 부양할 수 있는 것이다.

효행이유들을 종합해서 "효행자는 가족성원들 간의 조화로운 관계 속에서 부모에 대한 존경, 책임성, 보은의 정을 다하면서 부모를 희생적으로 부양하였다"라고 요약할 수 있다.

이 항목들이 현대 한국인들이 실천하는 효의 이념을 반영한다고 볼 수 있다. 이 항목들을 통해서 오늘날 한국인들이 지향하는 효의 이상형, 즉 효행의 모형을 그려 볼 수가 있다.

한국인들이 지향하는 효의 가치가 풍성하고 인간적인 가치임을 이해할 수 있다. 이 가치는 한국적인 노인복지 나아가 가족복지의 방향과 방법을 설정하는 데 있어 재고되어야 하겠다.

효가 내포하는 윤리는 일방적으로 강행되는 인간관계가 아니라 서로 존중하고 사랑하면서 도움을 주고받는 호혜적인 윤리이다. 이

윤리의 바탕은 곧 인(仁)이다.

| 새 환경에 대한 적응

효의 이념은 시대가 달라져도 변하지 않지만 이를 표현하는 데 있어서는 옛날에 하던 것을 인습적으로 반복해 나아갈 수 없게 되었다. 옛 인습을 피동적으로 수렴하고 집단행동에 무조건 순응하며 생활하던 시대로부터 우리의 생활현실은 매우 빨리 멀어지고 있다.

효행은 효의 원리에 따라 개개인이 실행하는 행동이기 때문에 개인이 처해 있는 가정적 및 사회적 여건 속에서 창의적으로 실행돼야 하겠다.

전통문화는 획일적이고 권위주의적인 영향력을 우리에게 미쳐왔다. 그리하여 우리에게는 일상생활에서 취하는 행동과 사고방식이나 관념에서까지도 고정된 것들을 따르는 경향이 있다.

부모에 대한 효행도 기왕에 했던 방식을 따라야 한다는 관념에서 벗어나지 못하는 것으로 보인다. 그렇기 때문에 파도같이 밀어닥치는 벅찬 사회변동에 숨 가쁘게 대응해야 할 신세대 사람들은 옛 방식으로 부모를 모시기가 어려워서 부모부양에 대해 좌절감과 회의를 느끼는 수가 흔히 있다.

우리가 사는 이 빨리 변하는 시대는 사회생활에 신속히 적응해야 할 필요성이 증대하고 있다. 부모와 자녀도 서로의 관계를 새로운 생활환경에 알맞게 수정해 나갈 수 있어야 한다. 부모 자녀 관계를 창의적으로 재정립하는 데 필요한 몇 가지 사항들을 생각해 볼 수 있다.

부모와 자녀 간의 관계를 개발한다는 것은 양자 사이의 상호 지원관계를 잘 유지할 수 있는 새로운 방법과 절차를 찾는 것이다. 즉 자녀가 부모를 보살피고 부모는 자녀를 지원하는 데 있어 효과적인 행동을 탐색하는 것이다. 이 행동의 방향을 정립하는 원동력은 역시 존경, 책임, 애정 등 효의 의지가 되어야 할 것이다. 효행의지는 흔히 공공연히 표현되지 않고 행동의 뒷면에 숨겨져 있다. 즉 부모를 부양하는 성인 자녀의 마음속에 내재해 있다. 그러나 이 의지는 때와 장소에 따라 보살피고 지원하는 행동으로 표현되는 것이다.

자녀뿐만 아니라 부모도 또한 융통성과 관용성을 가지고 자녀가 제공하는 보살핌과 지원을 감사하며 수렴할 자세를 갖추어야 할 것이다.

부모와 자녀 양편은 주어진 환경적 조건에 비추어 서로 보살피고 지원해야 할 범위 및 정도를 판정할 수 있어야 한다. 성숙한 성인으로서 자기실현을 하는 방향으로 만족할 만한 부모와 자기와의 상호 관계를 개발해 가는 뜻에서 효를 표현하는 행동이 이루어짐이 바람직하다고 본다.

이러한 시각에서 부모와 자녀가 상호 이해하는 관계를 발전시키면서 효를 행한다면 궁극적으로는 효가 보통 사람과 다른 특별한 사람만이 행하는 것이 아니라 오히려 평범한 일반 사람들도 다 할 수 있는 효로 될 수 있을 것이다.

| 효행의지의 세대 간의 차이

　새 세대는 변하는 사회 환경에 적응하는 과정에서 전통적 이념과 관행에 저항하는 성향이 있고 구세대는 이러한 관행을 유지해 나가려고 노력한다. 우리사회에서는 전통적 부모부양 이념과 관행을 지속하려는 움직임과 변화하려는 움직임이 동시에 겹쳐서 일어나고 있다. 이 소용돌이 속에서 세대들 간에 의견의 불일치와 가치관의 차이가 발생하여 갈등이 조성되고 있다. 그러나 세대가 달라지고 사회 환경이 변했지만 전통의 타성은 지속되고 있다. 구세대는 효의 전통을 고수하며 기존 사회질서를 유지하려고 노력하고 있는 것이다.

　세대들 간에는 지속성이 유지되기는 하지만 어느 정도의 간격 또는 틈이 있다. 모든 유형의 효행의지에 대해 연령이 높을수록 더 중요시하였고 연령이 낮을수록 덜 중요시했다. 그리고 연령차가 많을수록 부양 동기를 중요시하는 정도에 차이가 컸으며 세대가 인접할수록 그 차이가 작았다. 이러한 성향은 농촌과 도시의 성장지역에 따라 차이가 없었다.

　연령이 높고 성숙한 응답자는 부모의 은혜를 갚고, 부모를 존경하고, 부모에 대한 책임을 지고, 부모를 위해 시간과 자원을 바치고, 가족의 체면을 유지하면서 부모를 부양하려는 의지에서 연령이 적은 청소년들보다 더 강한 것으로 나타났다.

　이상의 결과는 한국 사회에서 세대가 달라지고 사회 환경은 변하지만, 부모부양 이념과 관행은 지속하고 있음을 알려 주고 있다.

교육정도가 높으면 부모부양을 중요시하는 경향이 있었다. 부모부양에 대한 태도는 어릴 때부터 사회화와 교육을 통해서 형성된다. 아동기에 가족적 맥락에서 학습한 가치와 태도는 어른이 되어도 계속 간직하게 된다. 부모, 특히 어머니의 태도가 아동이 성인이 되어 갖출 태도를 크게 형성한다. 이러한 관점에서 세대 간의 태도가 유사하게 나타난 사실은 자녀가 교육과 관찰을 통해 부모의 가치, 신조 및 태도를 배웠다는 것을 의미하는 것으로 본다.

사실 부모가 조부모에게 효도하는 모습을 본 아동은 그들의 부모에게 같은 행동을 하였다. 어린 아이를 돌볼 때와 마찬가지로 늙고 허약한 노부모를 수발하는 데는 자녀의 많은 관심, 시간 및 에너지가 있어야 한다. 성인자녀가 어느 정도 자신의 부모를 위한 부양역할을 수행하느냐 하는 문제는 그들의 부모부양 의지 여하에 따라 크게 달라질 수 있다.

노인에 대한 젊은 세대들의 이해 부족, 무관심, 냉담, 멸시, 차별이 있다면 어느 정도로 심각한가? 젊은이들이 가질 수 있는 이런 문제의 정도는 그들의 부모부양에 대한 가치와 이념 여하에 따라 다를 수 있다.

어른들이 가진 가치와 신조는 전통문화를 반영한다. 이와 대조해서 젊은 층은 새로이 등장하는 문화를 반영한다. 그래서 연하층은 연상층보다도 자유주의적, 개방적, 개혁적인 가치성향이 더 현저하다.

중년층과 장년층이 전통적 가치 지향성을 가짐으로써 청년층과 소년층에 대하여 사회화를 통해 계속 전통적 부모부양을 고취해 나아갈 것으로 본다.

노인과 노부모 부양에 대한 세대별 태도에 관한 자료는 극히 드물다. 잠재적 또는 실제적 부모부양에 관한 자료를 시계열적으로 조사해서 축적해 나가야 하겠다. 이러한 조사는 시대적 변화에 따라 부모부양에 대한 가치와 이념을 달리해 가는 추세를 연구하는 데 필요하다.

| 효와 가족

효에 관한 이야기에서 가장 많이 지적되는 단어는 '가족'이다. 부모부양이 가족을 중심으로 실천되기 때문이다. 효는 밀접히 짜인 가족관계의 망 속에서 실천된다.

한국의 가족은 산업사회가 조성하는 환경적 상황에 적응하는 과정에서 그 형태와 기능이 다양화(多樣化)되고 있다. 이런 과정에서 가족원들이 서로 돌보는 기능, 즉 호혜적 지원관계가 어떻게 달라지느냐의 문제가 대두되고 있다.

전통가족의 특정이었던 가부장제도는 우리사회에서 이미 현실성이 없어지고 있다. 최혜경 교수(2006)는 이런 변동과 관련해서 다음과 같이 논했다. "가계계승의 중요성이나 혈연중심 가족의 원리에 대한 가치의 변화속도는 가부장제에 대한 가치의 변화속도보다 느려서 우리사회에서 여전히 강한 가치로 존재하고 있다. 한국인들은 이제 가족관계에서 지위와 역할보다는 정서적 유대를 더 강조하고 있다(최혜경, 2006).

위의 최 교수의 말은(혈연과 가계계승의 중요성을 의식하면서)

정서적 유대를 더 중요시하는 새 시대의 한국 가족의 성향을 지적한 것으로 본다. 가족의 규모가 작든 크든, 부모와 자녀가 함께 살든 따로 살든, 경제적인 여유가 있든 없든 부모 자녀와 가족원들 사이에서는 이러한 정서적 유대가 매우 중요하다. 이런 정신적인 유대가 있는 데서 필요시에는 가족원들이 서로 보살피고 지원하는 적극적인 행동을 취하게 되는 것이다.

사실 우리 사회에서는 여전히 가족 외의 안전망은 별로 없는 실정이고 가족을 통한 생존을 채질화한 한국인은 유연성 있게 다양한 변화에 적응하면서(조은, 2006) 서로 도와주는 호혜적 관계를 유지해 나가고 있다.

그러나 부모를 부양하는 데 있어 많은 성인 자녀가 가족 바깥으로부터 지원을 받아야 할 필요성이 증대하고 있다. 이웃과 사회의 서비스자원을 활용해야 하는 것이다. 하지만 앞으로 사회복지체계가 발전한다 하여도 서구와 북미의 여러 나라들의 경우를 보아 국가와 사회의 공식적 제도만으로는 가족들의 사회복지 욕구를 충족하기가 어려울 것이다. 여기에서 노인들을 위한 사적 또는 비공식적 지원망의 개발과 활용의 필요성이 대두한다.

우리나라에서도 노인부양을 두고 가족과 국가가 의존적인 노인들을 보호부양함에 있어 어느 편이 책임을 더 져야 하느냐의 책임분담 문제를 두고 논란을 거듭하고 있다. 정부는 노인부양을 위한 한정된 공적 복지사업을 운영하고 있다. 주로 가족이 노부모부양을 지속하도록 지원하는 정책적 방향을 잡고 있는 것이다.

사실 절대다수의 한국 가족들은 여전히 노부모에게 비공식적 지원을 제공하고 있다. 가족은 계속 노부모와 노인을 위한 주된 보호

부양의 제공자로서 기능을 할 것이다. 그러나 가족들이 장래 노부모의 복지욕구를 충족하려면 가족단위의 경계 밖으로 나서 이웃과 지역사회로 노인을 위한 지원망을 확장해야 할 것이다. 저자는 많은 가족들이 고령의 부모를 부양하기 위해서 가족바깥의 정부와 사회가 제공하는 공적 서비스를 필요로 하고 있음을 이 책에서 누차 지적하였다.

한편 가족원들 사이의 상부상조하는 관습은 계속되고 있다. 현대 한국인들의 가치 속에 가족주의적 성향이 깊이 뿌리 박혀 있다. 연령이 높을수록 더 가족주의적이다. 친척을 중시하는 태도가 일관성 있게 나타났다. 친척 간의 상부상조하는 관행은 앞으로 지속할 것으로 보인다. 특히 관혼상제에 참여해서 부조하는 관습은 사회복지 견지에서 매우 중요하다.

가족욕구를 중요시하고 형과 누이에게 순종하고, 배우자를 선택하는 데 부모허락을 받겠다는 태도는 현대 젊은이들의 가족 지향적 성향을 나타내는 것으로 볼 수 있다.

한국의 가족들은 상호 부조할 능력과 의식을 아직도 가지고 있다고 보는 것이 옳다. 즉 핵가족화 경향이 있음에도 이처럼 전통적 가족주의가 여전히 생활 속 깊이 자리 잡고 영향을 끼치는 것이다.

그래서 오늘날에도 가족이 노인에게 제공하는 서비스의 양으로 보아 국가가 제공하는 지원의 양에 비해 더 많다. 현실적으로 국가는 포괄적이고 효과적인 서비스를 제공할 수 있는 공적체계를 충분하게 못 갖추고 있어 상대적으로 가족이 이바지하는 바가 더 큰 것이다. 국가가 앞으로 이상적인 사회보장체계를 갖춘다 하더라도 가족이 하는 정도로 책임, 희생하는 마음, 애정을 가지고 노인부양을 할 수는 없을 것이다. 우리의 문화적 맥락에서는 가족과 친척이 제공하는 비공식적 서비스가 노부모를 위한 보호부양--흔히 장기적인 부양--을 위한 대표적인 수단으로 남아 있을 것으로 본다.

현대국가의 사회보장체계는 가족의 비공식적 보호부양 자원이 없이는 유지하기가 어렵다. 그러기 때문에 사회복지정책수립자들은 가족이 자체의 성원들을 보살필 책임을 강조하고 있다.

오늘날 산업사회에서 노부모부양의 원리인 효는 가족 안팎의 복잡한 상황적 요인들로 말미암아 그 실천이 까다로워지고 있다. 그럼에도 불구하고 대다수의 가족은 여전히 노부모가 필요로 하는 효행--보살핌과 부양서비스의 제공--을 하고 있다. 가족이 효행의 실천장이 되고 있는 것이다.

| 노부모의 문제와 욕구

노부모들의 욕구는 매우 복합적이고 다차원적이어서 사회적, 심리적 및 신체적인 차원들을 종합적으로 고려해야 했다.

대다수 노부모는 가족 이외의 다른 사회적 지원체계와는 밀접한 관계를 갖지 않았다. 대다수 노인들은 가족에 전적으로 의지하여 부양을 받고 있었으며 가족 밖에서 사회적 지원을 받는 정도는 미미하였다.

다수의 노부모들이 자녀의 도움을 원했다. 이 사실은 노후대책을 위한 사회보험의 확충 그리고 경제적 지원의 필요성을 시사한다.

경제적 욕구가 충족되지 않은 노부모들은 심리적 안녕 상태도 좋지 않고 가족이 함께하는 외출과 주말계획을 세우는 횟수가 적었다. 그리고 직업안내를 필요로 하고 있었다. 이런 사실들은 노인들의 사회적 욕구가 충족되지 않았음을 시사한다.

노인들의 욕구와 안녕에 관한 정보가 축적되어 노인복지사업계획에 충분히 반영됨으로써 효과적이고 효율적인 서비스가 전달될 수가 있다.

| 고령자를 위한 사회적 지원망

노인들의 비공식적 지원망의 핵심은 여전히 '가족'이다. 그러나 노인들의 대다수가 친척, 친구, 이웃 또는 사설협회 지원망으로부터 적지만 도움을 받고 있다. 이 사실은 비친족 지원망이 노인들에게 중요함을 알려 주고 있다. 따라서 노인들의 비공식적 지원망은 가족지원망을 핵심으로 하는 이차적인 지원망들(친족, 이웃, 친구, 협회)로 둘러싸인 모양을 하고 있다.

서비스를 제공하는 데 필요한 책임감, 희생, 애정은 가족이 아닌 친척, 이웃, 친구가 갖추기 어렵다. 다행히 노인들 대다수는 가족지원망을 가졌고 가족지원망은 탄력성을 유지하는 것으로 보였다.

오늘날 다수 노인이 공공기관이 제공하는 여러 가지 공식적 서비스를 필요로 한다. 앞으로 가족지원망이 지속적으로 부모부양을 하도록 도우려면 이들 가족에게 외부의 보완적 서비스를 제공해 주어야 한다.

노인들이 외부의 공식적인 사회복지 프로그램을 이용한 정도가 매우 낮았다. 한국인들은 가족의 문제를 외부에 알리지 않고 가족끼리 이를 해결하기 위해 고통을 참고 희생을 감수하는 경향이 있다.

오늘날 한국이 보유하는 경제력, 인적 자원 그리고 인간주의적인 문화적 전통을 고려할 때 가족지원서비스를 더욱더 적극적으로 개발해서 필요한 가족들이 이를 이용하도록 유도해야 하겠다.

| 고령자를 위한 서비스의 개발

사회적으로 불리한 생활조건하에서 노부모를 부양하는 많은 가족들은 외부의 프로그램과 전문적 서비스가 필요하다. 현대 산업사회에서 사회구조적이거나 시장경제적인 이유로 가족은 흔히 자체의 능력만으로는 이 기능을 감당하지 못한다. 그리고 가족은 부양에 관한 전문적 지식과 서비스를 갖지 못한다. 따라서 어려움에 부닥친 가족에게 국가와 사회는 지원서비스를 제공해 주어야 한다.

물론 가족의 보호부양능력과 국가의 공식적 지원을 적절히 통합해 줌으로써 가족복지 증진에 이바지할 수 있다. 사회복지 전문가의 개입으로 가족이 부딪치는 스트레스와 어려움을 적기에 해결할 수 있다. 이러한 서비스를 위해 보다 많은 자원과 에너지를 투입해야 한다. 그리고 노인을 위한 서비스는 곧 가족을 위한 서비스가 되는 것이다.

미국의 저명한 사회학자이며 사회사업교수인 Litwak(1985)은 가족의 고유한 구조와 서비스전달체계를 알맞게 결합시키는 가족형태가 곧 수정확대가족이라고 했다. 이 수정확대가족에서는 가족이 제공하는 비공식적 서비스를 외부체계가 제공하는 공식적 서비스로서 보완한다. 이런 상호 보완적인 관계를 유지함으로써 가족의 연대성을 저해하거나 가족의 부양역할을 빼앗아 가지 않으면서 그리고 사회와 국가에 과중한 재정적 부담을 끼치지 않으면서 노인부양을 할 수 있다는 것이다. 오늘날 한국 가족의 대다수는 Litwak가 제시한 수정확대가족과 비슷한 가족형태로 변해 가고 있다. 그의 창의적인 제안을 우리는 조심스럽게 수렴할 필요가 있다고 본다.

가족은 전문적 지원을 하는 데는 한계가 있으나 부모에게 질적인 지원을 제공하는 데는 강하다. 우리는 소득, 건강, 주택, 레크리에이션, 재활서비스, 고용, 사회서비스, 세금감면 등 노인을 부양하는 가족을 위한 외부지원의 필요성을 강조하는데 노인복지의 더 질적인 차원--애정, 존경, 회생 등--에도 더 많은 관심을 둬야 하겠다. 이 질적인 요소가 궁극적으로 노부모를 위한 보살핌과 부양의 범위를 결정하는 힘이 될 수 있다. 그리고 우리의 생활이 향상할수록 질적인 서비스의 필요성이 증대할 것이다.

산업화가 노인들의 생활에 가져다준 충격적인 변화의 하나는 자녀가 직장을 찾아 부모의 옆을 떠나는 현상이다. 서로 떨어져 살면 접촉해서 대화하고 애정을 나누고 서로 어려움을 이해할 기회가 줄어든다. 접촉이 줄면 서로 상대방을 지원하는 기회도 줄어든다.

따라서 부모와 자녀 간의 '거리'-'접촉'-'지원'은 상호 연계되어 노인들의 생활과 복지에 지장을 준다. 이 세 가지 조건이 바로 오

늘날 노인문제를 증대하는 주요인이 되고 있다고 하여도 과언이
아니다. 사회복지사들이 수행할 중요한 작업 중의 하나가 바로 '자
녀 부모' 간의 접촉의 감소나 부재로 인해서 발생하는 문제를 해소
하는 일이다. 떨어져 사는 부모 자녀 사이의 지원관계에 대해서는
제4권에서 종합적으로 논의를 한다.

| 비교문화적 시각

　서로 다른 문화에 속해 있는 한국과 미국의 성인 자녀들이 같은
부모부양의지ㅡ애정, 보은 및 책임ㅡ을 중요시하였다. 한국인
은 미국인보다도 이들 효행 이유를 더 중요시했다. 한국인은 이 밖
에도 존경, 가족조화, 희생을 중요시했는데 미국인은 이를 중요시
하지 않았다. 이처럼 두 문화에 공통적인 부모부양의지와 한국문화
특유의 부모부양의지가 식별되었다.
　부모부양의지는 도덕적인 교호성을 반영한다. 전술한 바와 같이
퇴계가 강조한 부모와 자녀 간의 교호적인 의무이다. 자녀가 부모
를 보호부양하고 부모가 자녀를 애처롭게 여겨 보살피는 것은 부
모 자녀 사이에서 자연적으로 나타나는 인륜적(人倫的) 현상이다.
윤리학자인 Rawls(2005)는 "자녀의 부모에 대한 사랑은 자녀가 부
모의 사랑으로부터 얻은 혜택을 인식할 때 가지게 된다"고 하였다.
실제로 성인 자녀의 부모부양의지와 실제로 이들이 부모를 부양하
는 행동 사이에는 연관성이 있다. 따라서 부모 자녀 관계에서 도덕

적 합리성이 높을수록 자녀가 부모에 대해 도덕적인 행동을 할 가능성이 커지는 것이다. 부모 자녀 관계의 도덕성과 연계된 중요한 조건이 바로 이 책에서 되풀이해서 논의한 가족원들, 특히 부모 자녀 사이의 교호적 관계이다.

우리 민족은 오랜 세월 동안 사회정치적 불안과 전란을 겪는 과정에서 같은 역사적 배경, 언어, 문화를 가진 국민으로서 국가적 통합을 중요시하고 가족을 우선시하는 강한 가족주의 의식을 갖게 되었다. 산업화를 거치는 동안에 가족주의가 약화하였다고 하나 저자의 조사에 의하면 가족의 형태는 달라졌어도 가족주의적 성향은 끈질기게 지속하고 있는 것으로 시사되었다.

한국에서는 물리적 이동보다는 노인과 자녀 간의 접촉을 더 선호한다. 세대 간의 동거는 고부갈등을 일으키기도 하지만, 노약한 부모를 부양하는 데는 유리한 조건이다. 대조적으로 미국에서는 동거가 매우 드물다. 미국인과 비교할 때, 가족주의 영향을 받는 한국인은 가족원들 간에 친밀한 정서적 관계를 맺는 경향이 강하다. 이러한 관계망 속에서 성장한 한국인들은 효의 전통적 부모부양이념을 실천에 옮긴다. 미국인들은 노인을 만나면 자동으로 존경하는 경우가 드물다. 한국에서는 노인부양의 전통적 관행을 권장하기 위해 경로운동, 노인복지사업, 효행상 등 제도를 설정하여 민간과 정부가 협동해서 노력하고 있다. 이와 같은 노력의 기저를 이루는 것은 역시 효의 이념이다.

한국은 산업화에 따른 사회적 변동과 문화적 전통 사이의 역동적 상호작용의 영향을 받고 있다. 이 상호작용이 노인의 지위와 복지에 앞으로 어떠한 영향을 가할 것인가가 우리의 주요 관심사이다.

효에 대한 의식과 가족주의의식은 표현방법에서 변화가 일어나고 있지만 아직도 상당한 정도로 보존되고 있다. 이 가치를 상호 존중하며 교호적 부모 자녀관계로 전환해 나간다면 현대 한국인들은 미국인들과 상이한 노인부양 관행을 유지해 나갈 수 있을 것으로 본다.

| 연구를 위한 과제

다음을 포함한 부모부양과 관련된 과제들에 대한 연구가 뒤따라야 하겠다.

효의 구현인 부모부양서비스에 대한 체계적인 분석이 있어야 한다. 특히 부양과정에서 부양자가 겪는 질병, 소득감소, 정신적 고뇌 등 문제들에 따른 부양의 질과 양 및 지속성의 변화를 조사할 필요가 있다.

효와 관련된 행동과 태도를 결정하는 데 있어 개인적 및 환경적 요인들이 어떻게 역동적으로 상호 작용하는지를 분명히 알지 못하고 있다.

교호적 관계를 바탕으로 이루어져야 할 부모부양-효행-의 모형을 사회심리적 분석을 통해 사례별로 정리해 나가는 작업이 필요하다. 이런 작업을 통해서 누구나 실천할 수 있는 효의 상을 정립해야 하겠다.

한편 가족의 부양기능의 축소를 보완할 수 있는 사회적 지원망

의 속성들, 즉 접근의 용이성, 접촉의 빈도, 관계의 강도, 접촉상대
자의 수, 접촉의 방향 등과 노부모부양의 범위와 깊이를 상호 연관
시켜 지원망의 개발방안을 연구하는 작업도 중요하다.

부모를 부양하는 과정에서 어려운 사태가 발생할 때 효행자를
비롯한 가족들이 그로 말미암은 긴장과 스트레스를 극복하는 능력
의 한계를 가족형태와 효행자 및 노부모의 개인적 특성에 따라 분
석해 볼 필요가 있다.

근년에 이르러 성인 자녀들 사이에 부모부양에 대한 책임을 분
담하는 경향이 짙어졌다. 이러한 새로운 부양방식이 부모와 자녀
양측에 어느 정도의 혜택과 불편을 주고 있는지 조사해 보아야 하
겠다.

그동안 대가족이 해체되면서 핵가족이 조성되었고 이제는 느슨
하게 이루어진 수정확대가족의 수가 늘고 있다. 가족의 형태 및 구
조에 따라 효의 실천이 어떻게 다른지 탐색해 보아야 하겠다.

노부모를 부양하는 주역이 여성이다. 여성부양자들의 숨은 노고
를 조사해서 가족부양을 위한 이들의 인적 자원의 구조와 기능을
이해하기 위한 연구가 있어야 하겠다. 그리고 여성의 부양서비스가
앞으로 과연 얼마나 지속할 것인지 또는 어느 정도로 빨리 축소될
것인지에 대한 연구도 시급하다.

위에 나열한 과제들은 우리나라뿐만 아니라 다른 나라들도 정도
에 차이는 있겠으나 모두 가지고 있다. 발전한 나라들 그리고 우리
와 사정이 비슷한 나라들에서 진행되는 노화과정과 노인부양방식
에 대한 비교문화적 연구가 활발히 진행되어야 하겠다. 비교문화적
연구를 통해서 상대방의 장점을 파악하여 도입하고 단점을 우리

사회에서 되풀이하지 않도록 조치할 필요가 있다. 커다란 이득을 얻을 수 있는 이러한 비교문화적 연구에 국가사회는 더 많은 투자를 해야 한다

참고문헌

[국내문헌]

고범서, 1992, 가치관연구, 나남.

고영복, 1983, 전통사회의 효개념의 현실적 과제, 현대사회와 노인복지, 아산사회복지사업재단.

공세권·조애조·김진숙·장현섭·서미경, 1990, 한국 가족의 기능과 역할변화, 한국보건사회연구원.

권중돈, 2004, 노인학대에 영향을 미치는 요인, 한국노년학, 1 - 19, 24(1).

권중돈, 2004, 노인복지론, 학지사.

금장태, 2005, 성학십도와 퇴계철학의 구조, 서울대학교 출판부.

김동배, 1988. 한국노인의 노인정참여에 관한 연구, 한국사회 복지학, 통권 12호.

김승권·장경섭·이현송·정기선·조애조·송인주, 2000, 한국 가족의 변화와 대응방안, 한국보건사회연구원 연구보고서.

김익기·김동배·모선희·박경숙·원영희·이연숙·조성남, 1999. 한국노인의 삶. 미래인력연구회.

김태완 역, 2007, 성학집요(聖學輯要), 청어람미디어.

김태현, 2000, 미래사회와 효의 실천방안, pp.44 - 65, 현대사회와 효의 실천방안, 한국노인문제연구소.

김태현, 1994, 노년학, 교문사.

김평일, 1995, 내리사랑 올리효도, 고려원.

김한초·한남제·최성재·유인희, 1986, 한국 가족의 표준모형 개발, 한국정신문화연구원.

나병균, 1985, 향약과 사회보장의 관계, 사회복지학회지, 제7호, pp.21 - 50.

논어(論語), 1997, 이기석·한백우 역해, 홍신문화사.

맹자(孟子), 1994, 이기석·한용우 역해, 홍신문화사.

명심보감(明心寶鑑), 1994, 유상근, 김위현 교주, 명지대학교 출판부.

모선희, 2000, 효윤리의 현황과 과제, 현대사회와 효의 실천방안, 한국 노인문제연구소.

미치하타 료슈, 1994, 불교의 효 유교의 효, 목정배 역(만다라 총서 19, 불교시대사.)

박영란, 2000, 효관련 연구의 현황과 과제, 현대사회와 효의 실천방안, 한국노인문제연구소.

박재간, 1995, 오늘의 노인, 그들은 누구인가, 박재간 편, 고령화사회의 위기와 도전, 나남출판사.

박재간, 1989, 전통적 효사상과 그 현대적 의의, 전통윤리의 현대적 조명, 한국정신문화연구원, pp.89 - 117.

박종홍, 1969, 퇴계의 인간과 사상. 국제문화연구소, 세계 2(4).

부모은중경(父母恩重經), 1994, 권오석 역해, 홍신문화사.

삼성복지재단, 1973~1995, 삼성효행록.

성규탁, 2005, 현대한국인의 효, 집문당.

성규탁 2001. 어른존경방식에 대한 탐험적 연구, 한국노년학, 21(2), pp.125 - 139.

성규탁, 2000, 노인을 위한 가족의 지원: 비교문화적 고찰, 사회복지, 145, pp.175 - 192.

성규탁, 1998, 현대한국인이 인식하는 효: 척도와 차원, 한국노년학, 14(1), pp.50 - 68.

성규탁, 1995, 한국인의 효행의지와 연령층들 간의 차이, 한국노년학, 15(1), pp.1 - 14.

성규탁, 1995, 새 시대의 효, 연세대학교출판부.

성규탁, 1994, 한국인의 가족지향성, 현대사회와 사회사업, 우계어윤배 박사회갑기념논문, pp.7 - 28.

성규탁, 1990, 한국노인의 가족중심적 상호부조망, 한국노년학, 9, pp.28 - 43.

성규탁, 1989, 현대한국인의 효행에 관한 연구, 한국노년학, 9, 28 - 43.

성서(The Holy Bible).

소학(小學), 1994, 이기석 역해, 홍신문화사.

송복. 1999. 동양의 가치란 무엇인가: 논어의 세계, 미래인력연구센터.

신용하, 2004, 21세기한국사회와 공동체문화, 지식산업사.

신용하, 2000, 한국민족의 형성과 민족사회학, 지식산업사.

신용하·장경섭, 1996, 21세기 한국의 가족과 공동체 문화, 집문당.

양경미·윤가현, 2005, 여성노인의 학대경험 및 연령이 상태 불안에 미치는 영향, 한국노년학연구, 14, pp.63 – 71.

예기(禮記), 1993, 권오순 역해, 홍신문화사.

우국회, 2002, 노인학대의 의미와 사회적 개입에 대한 노인들의 인식연구, 한국사회복지학, 50, pp.109 – 129.

유승국, 1995, 효와 인륜사회, 효사상과 미래사회, 한국정신 문화연구원.

유성호·모선희·김형수·윤경아, 2000, 노인복지론, 아시아 미디어리서치.

윤사순, 2008, 퇴계이황, 예문동양사상연구원.

율곡전서(栗谷全書) 국역, 1985, 한국정신문화연구원.

이가옥·권중돈·권선진, 1990, 노인부양에 관한 연구, 한국보건사회연구원.

이가옥·이현송·김정석·이미진, 2002, 노년기 삶의 질: 개념 및 지표 구성, 노년기 삶의 질에 관한 연구, 노인복지정책 연구총서, 통권24호, pp.5 – 49.

이광규·김태현·최성재·조흥식·김규원, 1996, 가족의 관계 역동성과 문제인식, 아산재단연구초서 제29집.

이광규, 1990. 한국가족의 사적 연구, 학지사.

이상은·이병도, 1976, 한국의 유학사상: 退溪集/栗谷集, 삼선출판사.

이상진·송기섭·이덕일, 1997, 성학십도: 동국십팔선정, 자유문고.

이종호, 2008, 온유돈호: 퇴계학에쎄이, 아세아문화사.

정경배, 1994, 신한국의 사회복지모형, 한국사회복지정책 연구원.

조은, 2006, 오늘의 한국 가족 어디로 가고 있나? 아산사회복지재단창립 29주년기념 심포지움.

중용(中庸). 2000, (대학.중용) 이가원 감수. 홍신문화사.

지교헌, 1989, 경로효친사상의 역사적 전개와 현대적 의의, 전통윤리의 현대적 조명, 한국정신문화연구원, pp.213 - 278.

지교헌, 1988, 한민족의 정신사적 기초, 한국정신문화연구원.

채무송, 1985, 退溪. 栗谷 철학의 비교연구, 성균관대학교 출판부.

최근덕, 1995, 효의 오늘과 내일, 효사상과 미래사회, 한국정신문화연구
  원, pp.77 - 102.

최문형, 2004, 한국전통사상의 탐구와 전망, 경인문화사.

최성재, 1989, 경로효친사상과 노인복지, 한국사회복지학, 13, pp.1 - 25.

최재석, 1994, 한국 가족연구, 일지사.

최정혜, 1998, 기혼자녀의 효의식, 가족주의 및 부모부양 의식, 한국노
  년학, 18(2).

최혜경, 2006, 가족법 개정운동에 비춰 본 한국의 가족제도, 오늘의 한
  국 가족 어디로 가고 있나?, 아산사회복지재단 29주년기념 심포
  지움.

한국개발원, 1985, 2000년을 향한 국가장기개발구상 총괄보고서, pp.72
  - 84.

한남재, 1997, 한국 가족재도의 변화, 일지사.

한은주·김태현, 2000, 노인학대의 원인에 대한 생태학적 연구, 한국노
  년학, 20(2), pp.71 - 89.

황진수, 1995, 한국노인의 복지행정의 전달체계, 박재간 외 편, 고령사
  회의 위기와 도전, pp.463 - 488.

효경(孝經), 1989, 박일봉 편역, 육문사.

효적고사(孝的故事), 1997. Singapore: Asiapac Publication.

효행실록(孝行實錄), 1985, 한국노인문제연구소.

[외국문헌]

Allan, G. (1986). Friendship and care for the elderly. *Aging and Society*,
  6, 1 - 12.

Antonucci, T. C., & Kahn, R. L. (1993). *Social Network in Adult Life,
  1980 [U.S.A.]*. Inter - University Consortium for Political and

Social Research, Univ. of Michigan.

Aquinas, T. (1981). *Summa theologica.* Westminster, Maryland: Christian Classics.

Bardis, P. D. (1969). A familism scale. *Marriage and Family Living,* 21, 340 – 341.

Bedard, M. (1992). *Breaking With Tradition: Diversity, Conflict, and Change in Contemporary American Families(Reynolds Series in* Sociology).

Bengtson, V. L. (1989). The problem of generations: Age group contrasts, continuities, and social change. (In) V. L. Bengtson & K. W. Schaie(Eds.), *The Course of Later Life.* New York: Springer.

Blustein, J. (1982). Parents and children. *Ethic and the Family.* New York & Oxford: Oxford Univ. Press.

Burgess, E. W., Locke, H. J., & Thomas, M. M. (1963). *The Family from Institution to Companionship.* New York: American Book Co.

Caplow, T., Chadwick, B. A., Bahr, H. M., & Hill, R. (2007). *Middletown families: Fifty years of change and continuity.* Minneapolis, MN: Univ. of Minnesota Press.

Cavalier, R. P. (2000). *Personal Motivation: A Model for Decision Making.* Westport, CO: Praeger.

Chen, L. F. (1986). *The Confucian Way,* London: Routledge & Kegan Paul.

Choi, S. J. (최성재) (2001). *Changing Attitudes to Filial Piety in Asian Countries.* Paper presented at World Congress of Gerontology. Vancouver, Canada, July 1 – 6.

Choi, S. J. (최성재) (1999). *A Comparative Study on Long – term Care for the Elderly in Korea and Japan.* Department of Social Welfare, Seoul National Univ.

Chow, N. (1995). *Filial Piety in Asian Chinese Communities.* Paper presented at 5th Asia/Oceania Regional Congress of Gerontology, Honk Kong, 20 November.

Chung, K. B. (정경배) (Ed.) (1999). *Living Profiles of Older Persons and*

Social Policies on Ageing in Korea. Korean Institute for Health and Social Affairs.

Cohen, J. R. (1985). *Revolution in Science*. Cambridge, MA: Harvard Univ. Press.

Cohn — Sherbok, D. (2003). *Judaism: History, Belief and Practice*. New York: Routledge.

Connidis, I. A. (2001). *Family Ties and Aging*. Thousand Oak, CA: Sage.

Cowgill (1986). *Aging around the World*. Belmont, CA: Wadworth.

de Bary, W. T. (1995). Personal reflections on Confucian filial piety. (In) *Filial Piety and Future Society*. Gyunggido, Korea: The Academy of Korean Studies.

de Bary, W. T., & Bloom, I. (1999). *Sources of Chinese Tradition* (2nd Ed.). New York: Columbia Univ. Press.

Deutchler, M. (1980). Neo — Confucianism. *The Journal of Korean Studies*, 2, 71 — 111.

De Vos (1988). Confucian family socialization. (In) D. J. Okimoto, & T. I. Rohlen, (Eds.), *Inside the Japanese System*. Stanford, CA: Stanford Univ. Press.

Dillon, R. S. (1992). Respect and care: Toward moral integration. Canadian *Journal of Philosophy*, 22, Downie, R. S., & Telfer, E. (1969). *Respect for persons*. London: Allen and Unwin.

Gallo, F., (1984), Social support networks and the health of elderly persons. *Social Work Research & Abstracts*, 8, 13 — 19.

Henkhausen, H. (1991). *Motivation and Action*. New York: Springer — Verlag.

Hill, R, & Koenig, R. (170). *Families in East and West*. Paris: Mouton.

Hoffman, M. L. (2000). *Empathy and Moral Development: Implications for Caring and justice*. New York: Cambridge Univ. Press.

Horowitz, A., & Shindelman, L. W. (1983). Reciprocity and affection: Past influences on current caregiving. *Journal of Gerontological Social Work*, 5, 5 — 20.

Ikels, C. (Ed.) (2004). Filial piety: Practice and discourse in contemporary East Asia. Stanford; Stanford University Press.

Jarret, W. H. (1985). Caregiving within kinship systems: Is affection really necessary? *The Gerontologist*, 25, 5 – 10.

Kalton, M. C. (1987). Western society and Confucian advantage. *Journal of Toegye Study*, 55, 83 – 98.

Koyano, W. (1996). Filial piety and intergenerational solidarity in Japan. *Australian Journal of Ageing,* 15, 51 – 56.

Legge, J. (1960). *The Chinese Classics.* 3rd Ed. Hong Kong: Hong Kong Univ. Press. Bk. 1.

Litwak, E. (1985). *Helping the Elderly: The Complementary Roles of Informal Networks and Formal Systems.* New York: Guilford Press.

Maeda, D. (1997). *Filial Piety and the Care of Aged Parents in Japan.* Paper presented at The 16th World Congress of Gerontology, Singapore, August 17.

Markides, K. S., Boldt, J. S., and Ray, L. A., 1986, Sources of helping and intergenerational solidarity *Journal of Gerontology,* 41, 506 – 511.

Montagu, A. (1975) A scientist looks at love. (In) A. Montagu (Ed.), *The Practice of Love.* Englewood Cliffs, NJ: Prentice – Hall.

Nicholson, U. T., Trans. (2000). *Sutra about the Deep Kindness of Parents and the Difficulty of Repaying It,* (Ed.), B. H. Ch'ih and U. S. Rounds, cert. Abbot Hua and B. H. Tao, rev'd by B. H. Tao.

Novick, L. J. (1990). Jewish ethics and family responsibility for the elderly. *Journal of Jewish Communal Service,* 66, 387 – 391.

Ohliner, P. M., & Ohliner, S. P. (1995). *Toward Caring Society.* Westport, CT: Praeger.

Palmore, E. B. (1999). *Ageism: Positive and Negative.* New York: Springer.

Park, C. H. (박종홍) (1983). Historical review of Korean Confucianism. (In) *Main Currents of Korean Thought.* The Korean National Commission for UNESCO.

Pedersen, P. B. (1983). Asian personality theory(537 – 582). In R.J. Corsica & A. J. Marsella (Eds.), *Personality theories, research, and assessment*. Itasca, IL: Peacock.

Post, S. G. (1989). Filial morality in an aging society. *Journal of Religion and Aging*, 5, 15 – 29.

Rawls, J. (2005). *A Theory of Justice*. Cambridge, MA: Harvard Univ. Press.

Rosow, I. (1962). Old age: One moral dilemma of an affluent society. *The Gerontologist*, 2, 182 – 191.

Sabogal, F., Marín, G., Otero – Sabogal, R., Marín, B. V., & Perez – Stable, E. J. (1987). Hispanic Familism and Acculturation: What Changes and What Doesn't? *Hispanic Journal of Behavioral Sciences*, Vol. 9, No.4, 397 – 412.

Shanas, E. (1979), The family as a social support system in old age. *The Gerontologist*, 19, 169 – 174.

Sidgwick, H. (1983). Filial morality. *Journal of Philosophy*, 83, 439 – 456.

Sorokin, P. A. (1941). *The Crisis of Our Age*. New York: E. P. Dutton.

Streib, G. F. (1987). Old age in sociocultural context: China and the United States. *Journal of Aging Studies*, 7, 95 – 112.

Sung, K. T. (성규탁) (1990). A new look at filial piety: Ideals and practice of family – centered parent care in Korea. *The Gerontologist*, 30, 610 – 617.

Sung, K. T. (성규탁) (1992). Motivations for parent care: The case of filial children in Korea. *International Journal of Aging and Human Development*, 34, 179 – 194.

Sung, K. T. (성규탁) (1994). Cross – cutural comparison of motivations for parent care. *Journal of Aging Studies*, 8, 195 – 209.

Sung, K. T. (성규탁) (1995). Measures and dimensions of filial piety. *The Gerontologist*, 35, 240 – 247.

Sung, K. T. (성규탁) (1997). Filial piety in modern times. (In) *Aging Beyond 2000*. G. R. Andrews (Ed.). World Congress of

Gerontology, Adelaide, Australia.

Sung, K. T. (성규탁) (1998a). An exploration of actions of filial piety. *Journal of Aging Studies,* 12, 369 – 386.

Sung, K. T. (성규탁) (2000a). *Ideals and practices of family support.* Keynote address presented at The Asia/Oceania Regional Congress of Gerontology, 1998.

Sung, K. T.(성규탁) (2000b). Respect for elders: Traditional forms and emerging trends. *Hong Kong Journal of Gerontology,* 14, 331 – 345.

Sung, K. T. (성규탁) (2001a). Elder respect: Exploration of ideals and forms in East Asia. *Journal of Aging Studies,* 15, 13 – 26.

Sung, K. T.(성규탁) (2001b). Family support for the elderly in Korea. *Journal of Aging and Social Policy,* 12, 65 – 79.

Sung, K. T. (성규탁)(2002). Elder respect among American college students. *International Journal of Aging and Human Development,* 55, 367 – 382.

Sung, K. T., & Kim, H. S (성규탁, 김한성) (2003). Elder respect among young adults: Exploration of behavioral forms in Korea. *Ageing International,* 28, 279 – 294.

Sung, K. T. (성규탁) 2004). Elder respect among young adults: A cross – cultural study of Americans and Koreans. *Journal of Aging Studies,* 18. 215 – 230.

Sung, K. T. (성규탁) (2005). *Care and respect for the elderly in Korea: Filial piety in modern times in East Asia.* Seoul: Jimoondang.

Sung, K. T. (성규탁) (2007). *Respect and care for the elderly; The East Asian Way.* Lanham, MD: Univ. Press of merica.

Sung, K. T.(성규탁), & Kim, B. J.(김법중) (2009). *Respect for the elderly: Implications for human service Providers.* Lanham, MD: Univ. Press of America.

Tang, W., & Parish, W. L. (2000). *Chinese Urban Life under Reform: The Changing Social Contract.* New York: Cambridge Univ. Press.

Teaching of Buddha (1984). Buddhist Promoting Foundation. Tokyo:

Bukkyo Dendo Kyokai.

Tu, W. M. 1995. Humanity as embodied love: Exploring filial piety in a global ethical perspective. In *Filial Piety and Future Society.* Gyunggido, Korea: The Academy of Korean Studies.

Wikipedia: Love. (January 2009).

Yoon, H. S., & Cha, H. B. (윤현숙, 차흥봉) (1999). Future issues for family care of the elderly in Korea. *Hallym International Journal of Aging,* 1, 78 – 86.

찾아보기

성규탁(成圭鐸) ───────────────────────────────────
[sung.kyutaik@gmail.com]

▌약 력

충북 청주중고등학교 졸업
서울대학교 문리과대학 및 대학원 졸업
미국 미시간대학교(앤아바) 사회사업학 석사
미국 미시간대학교(앤아바) 사회사업학 및 정치학 박사
(전) 미국 위스콘신대학교(매디슨) 사회사업대학원 교수
연세대학교 사회과학대학 사회복지학과 교수(초대학과장)
연세대학교 사회복지연구소 초대소장
미국 시카고대학교 Fellow(동아시아가족연구)
미국 미시간주립대학교 사회사업대학원 교수
미국 남가주대학교 사회사업대학원 석좌교수
미국 미시간대학교 사회사업대학원 초빙교수
Elder‒Respect, Inc.[www.elder‒respect.org] 대표
효문화연구소 소장
(전) 한국사회복지학회 회장, 한국노년학회 회장,

▌저 서

국내

『새 時代의 효』, 연세대학교출판부(연세대학술상 수상)
『새 시대의 효 Ⅰ』, 문음사(아산효행상 수상)
『새 시대의 효 Ⅱ』, 문음사(문화공보부 추천도서)
『새 시대의 효 Ⅲ』, 문음사
『현대 한국인의 효』, 집문당(학술원선정 우수학술도서)
『사회복지행정론』, 법문사
『사회복지조직론』, 박영사
『산업복지론』, 박영사 외 다수

국외

Care and respect for the elderly in Korea: Filial piety
   in modern times in East Asia. Seoul: Jimoondang, 2005.
Respect and care for the elderly: The East Asian Way
   Lanham, MD: University Press of America, 2007.
Respect for the elderly: Implications for human service
   providers. Lanham, MD: University Press of America, 2009.
Advancing social welfare of Korea: Challenges and ways.
   Seoul: Jimoondang, 2010.

▌논 문

국내

한국노년학
사회복지학회지
사회복지
한국정신문화연구원논총
한림과학연구원 등에 100여 편 발표

국외

The Gerontologist
Journal of Aging Studies
International Journal of Aging and Human Development
Journal of Gerontological Social Work
Journal of Social Service Research
Administration in Social Work 등에 65편 발표

한국인의 효

■ 이어지는 전통과 변하는 실천

초판인쇄 | 2010년 1월 5일
초판발행 | 2010년 1월 5일

지 은 이 | 성규탁
펴 낸 이 | 채종준
펴 낸 곳 | 한국학술정보㈜
주   소 | 경기도 파주시 교하읍 문발리 파주출판문화정보산업단지 513-5
전   화 | 031) 908-3181(대표)
팩   스 | 031) 908-3189
홈페이지 | http://www.kstudy.com
E-mail | 출판사업부 publish@kstudy.com
등   록 | 제일산-115호(2000. 6. 19)

ISBN   978-89-268-0497-1 14190 (Paper Book)
       978-89-268-0498-8 18190 (e-Book)
       978-89-268-0728-6 14190 (Paper Book set)
       978-89-268-0729-3 18190 (e-Book set)

이담 Books 는 한국학술정보(주)의 지식실용서 브랜드입니다.